妈妈
从容养育
惯不坏

辽宁人民出版社

图书在版编目（CIP）数据

妈妈从容养育惯不坏 / 喆妈著 . —沈阳：辽宁人
民出版社，2021.11
ISBN 978-7-205-10288-3

Ⅰ . ①妈… Ⅱ . ①喆… Ⅲ . ①儿童教育—家庭教育
Ⅳ . ① G782

中国版本图书馆 CIP 数据核字（2021）第 191839 号

出版发行：辽宁人民出版社
　　　　　地址：沈阳市和平区十一纬路 25 号　邮编：110003
　　　　　电话：024-23284321（邮　购）024-23284324（发行部）
　　　　　传真：024-23284191（发行部）024-23284304（办公室）
　　　　　http://www.lnpph.com.cn
印　　　刷：三河市三佳印刷装订有限公司
幅面尺寸：170mm × 240mm
印　　张：16.5
字　　数：210 千字
出版时间：2021 年 11 月第 1 版
印刷时间：2021 年 11 月第 1 次印刷
责任编辑：孙　雯
装帧设计：胡椒书衣
责任校对：郑　佳
书　　号：ISBN 978-7-205-10288-3

定　　价：49.80 元

前言

　　为人母后，总想成为一个称职的妈妈，将这世间的爱都给自己的孩子，不辜负一世的母子、母女情。于是，妈妈如同一个不停转动的风车，希望将所有的能量都发挥出来，再传递给孩子。甚至希望将孩子变成自己的附属品，让孩子成为自己希望的样子。为了达到这个目的，妈妈不惜宠溺孩子、娇惯孩子。随着孩子的成长，妈妈发现孩子越来越难管、越来越任性、越来越不能自理。此时，妈妈再去吼骂孩子、责备孩子，孩子只会觉得委屈、无助。

　　爱孩子，就要既不娇不惯，也不打不骂，妈妈要摆正自己的心态，从心底里意识到孩子不是自己的一部分，让孩子拥有独立的人格，拥有独立的思想。妈妈要让孩子变成一只自由的小鸟，让孩子有规矩地在天际翱翔。这样，孩子既能享受飞翔的快乐，又能感受到规矩的重要。

　　娇惯出来的孩子不懂爱，当妈妈只会答应孩子的要求，不懂拒绝孩子的无理取闹时，孩子会变得放肆、任性，甚至没有责任感。妈妈需要帮助孩子建立"契约"精神，让孩子明白，有些事情是可以做的，而有些事情是坚决不能的。

　　好习惯是伴随孩子一生的财富，拥有好习惯能让孩子在成长的道路上少走弯路、少摔跟头。妈妈不仅要引导孩子做事情，更重要的是帮孩子养成好习惯，铸造孩子的内驱力，让孩子学会主动学习，而不是被大人不断督促才学习。

　　妈妈想要教育好孩子，就要对孩子有一个正确的认知，即便妈妈再怎么希望孩子变得完美，人终究是人，是人就会犯错，这是不可避免的。面对孩子犯的错，妈妈要做的不是视而不见，也不是责备唠叨，而是用心去帮孩子"纠错"。让孩子明白，做错事需要自己去改正，而不是让妈妈大包大揽地给自己"断后"。

　　母爱是世界上最伟大的爱，但这并不意味着母爱中没有严格和批评。真正合格的母亲不仅能看到孩子的优点，也能看到孩子的缺点，重要的是接受并耐心帮助孩子改正缺点。有位教育学家说："在妈妈的眼里，自己的孩子是世界上最完美的。"的确，在妈妈的眼睛里，自己的孩子总是那么惹人爱，但这并不意味着妈妈只能赏识自己的孩子，不能教育自己的孩子。恰恰相反，真正爱孩子的母亲，善于去教导孩子，让孩子学会接受批评和指正，提升孩子的逆商，从而间接提升孩子的情商，让孩子真正成为一个独立且有责任感的人。

　　除此之外，好妈妈通常懂得在孩子面前控制自己的情绪，从而让孩子明白管控情绪是一个人的基本素养，以身作则能够避免孩子发"无名火"、耍脾气。

　　如果你是一位母亲，你能从本书中找到你的影子，也能找到自己孩子的影子。虽然本书没有太过深奥的理论，但是却能够让你很深刻地了解孩子的内心世界，从而找到教育过程中遇到问题的解决之道，做到从容养育。

目 录

第三章
培养责任感，没有谁是孩子永远的保护伞

第四章
财商需教育，你不是孩子的"取款机"

第五章
适当对孩子说NO，不会拒绝是在害孩子

第六章

铸就内驱力，引导孩子主动探索与学习

第七章

好习惯靠打磨，别放任孩子的坏行为

第一章

独立人格教育，
不做「包办」妈妈

区别孩子是否是在"溺爱"中长大的一种方式，就是观察孩子是否具有独立的人格。孩子独立人格教育，最深的根基来源于妈妈对待孩子做事情的态度。当妈妈觉得孩子做事情是"捣乱""出错"而拒绝孩子参与时，妈妈的这种"包办"行为，已经严重影响到孩子的独立性培养。孩子不是妈妈的附属品，更不是妈妈养在温室中的花朵，他们不光行为要独立，心理也要学会独立。培养孩子的独立性，是妈妈避免溺爱孩子的第一步。

决策放权，让孩子学会独立思考

纵观古今，凡是杰出的人物，他们都懂得如何进行独立思考。妈妈在陪伴孩子的过程中，也会发现当孩子能够独立思考问题的时候，自己带孩子也会省心又省力。当然，很多妈妈还是经常打着替孩子着想的旗号，剥夺孩子独立思考的机会。

有一位妈妈抱怨说："我的孩子很不听话，我让她干什么，她就是不按照我说的做，总是自己瞎琢磨，结果就是很容易犯错。"想必很多妈妈都有这样的经历，我们习惯于替孩子做决定或做选择，因为我们认为自己比孩子有经验，做出的决定或选择是最正确的。然而，妈妈的这种做法，其实是在剥夺孩子独立思考的机会，更是剥夺孩子做选择的机会。

无论从阅历，还是从心智来讲，妈妈会认为自己要比孩子成熟得多。于是，孩子需要做决定和判断的时候，只要按照妈妈说的去做就可以了，孩子没有必要自己做决定。有这种想法的妈妈并不少见。然而对于孩子来讲，做判断、进行选择的过程就是对其思考事情能力的一种锻炼，更是培养独立思维的一种途径。总之，妈妈不应事事替孩子做，而是要学会培养孩子独立思考的能力。

妈妈带娃实例

小楠的女儿刚上小学时，小楠十分苦恼。事情是这样的：自从小楠得知自己怀孕之后，就辞职专心在家养胎，生了女儿之后，她更是成为全职妈妈，在家细心照顾女儿的生活起居，大到孩子上哪所幼儿园，小到孩子每天穿什么衣服，都是小楠在做决定。孩子逐渐长大，她恨不得将孩子所有的事情都安排好，她希望自己所有的决定孩子都能够理解并接受。

可是，当女儿上了小学，小学老师却和小楠反映，说她的女儿在学校总是自己玩，从来不主动和别的孩子一起玩耍、做游戏。在自习课上，别的孩子会主动去看书，她的女儿却要让老师帮她选择看什么书。不仅如此，无论是在体育课上，还是在音乐课上，她的女儿都不懂得去主动选择，似乎任何事情只要老师不帮助解决，她自己就无法解决。

面对老师的表述，小楠无从下手，最后还是老师给了她中肯的建议，老师建议小楠在日常生活中多让孩子去解决问题，让她自己去做选择，于是小楠不再事事为女儿做安排。

早起，小楠让女儿自己去衣柜中找衣服，让她自己选择穿什么；早饭，小楠会做两种早餐，让女儿自己选择喝粥还是喝牛奶、吃鸡蛋还是吃玉米；放学回家，小楠让女儿自己选择先做数学作业，还是先做语文作业；在遇到不会做的作业时，小楠没有急着帮女儿解答，而是先让她自己想办法解决。

通过半年对女儿有意识地进行训练，小楠的女儿终于和其他孩子一样了，能

够主动去做事情，老师再也没有向小楠反映这方面的问题了。

上述例子很明显能够看出，小楠平时对女儿管束得太多，她忽略了孩子选择能力的培养，从而养成女儿遇事不会独立思考的习惯。在生活中这样的妈妈也不在少数，你是否也对孩子的所有事情都亲力亲为，你是否认为孩子只要按照自己的决定去做，对孩子的成长就一定没有坏处呢？

妈妈带娃妙招

在妈妈心目中，孩子究竟是一个怎样的存在？我们或许从来没有想过这样的问题，因为我们习惯了替孩子做选择，习惯了"大权在握"，不让孩子有任何自主选择和独立思考的空间。然而，这样做无疑是对孩子自主意识的扼杀。毋庸置疑，孩子是独立的存在，他们不应该成为我们人生的"附属品"，因此，妈妈们不妨从以下几个方面去培养孩子独立思考的能力：

1.让孩子明白为什么做决定是十分重要的

对于习惯替孩子做决定的妈妈来讲，她们很清楚决定的正误会带来怎样的后果。同样的，如果妈妈能够让孩子明白一个决定会产生怎样的结果，那么孩子在做决定之前会认真、理性地思考。比如，早晨孩子几点起床这件事情，如果他们能够意识到早起半个小时，到学校就不会迟到，不会被老师责备，而晚起半个小时，到学校会迟到，会被老师批评，那么，相信大多数孩子会选择少睡半个小时，他们也不希望自己上学迟到。

2.妈妈要尊重孩子的意愿

所谓尊重孩子的意愿，指的是在孩子做出决定之后，妈妈不要急于让孩子改变选择，依从自己的意见。虽然孩子还小，但是妈妈要学会尊重孩子，涉及孩子的事情，妈妈应该首先征求孩子的建议或者是意见。尊重孩子的思想和见解，即便孩子做出的决定是错误的，妈妈也要给予分析，用商量的口吻与孩子进行交谈，从而表示对孩子的尊重。比如，孩子周末选择出去踢球而不是学习时，妈妈可以和孩子商量，是否可以先做完作业再踢球，这样一来，他在踢球的时候就没有了后顾之忧，而不是命令孩子必须去学习，或者威胁孩子不写完作业就不能踢球。

3.培养孩子分析和解决问题的能力

对于孩子来讲，他们要想能够独立思考问题，就要拥有分析问题的能力。在孩子遇到问题时，妈妈可以帮助孩子进行分析，慢慢地让孩子自己找到解决问题的方法。久而久之，孩子再遇到问题时，第一个想到的不是让妈妈帮助解决问题，而是先自己想办法去解决问题。比如，当孩子在学校与同学发生矛盾时，妈妈可以让孩子先去分析矛盾的起因是什么，在产生矛盾的过程中，孩子有哪些行为或语言是不正确的，让孩子意识到自身存在的问题，在以后与同学交往的过程中，避免类似矛盾的发生。

4.妈妈要敢于让孩子做决定

在妈妈心目中，无论孩子多大，孩子永远是孩子。于是，很多妈妈对孩子处理事情或做判断的能力是不够信任的，妈妈不放心孩子自己做决定，因此，妈妈会选择替孩子做决定。这就出现了妈妈不愿意将决定权交给孩子的情况。其实，要让孩子学会独立思考，最关键的一步就是妈妈要相信孩子，敢于让孩子按照自己的意愿去做决定，这对孩子的成长是至关重要的。

善于独立思考的孩子是聪明的，同时也是有主见的，当孩子学会了独立思考，自然就有了自己的判断力。当然，在培养孩子的独立思考能力时，妈妈要敢于放权，让孩子拥有自我决断的机会。

妈妈带娃解读

　　决策放权，指的是在涉及孩子的事情时，妈妈要将选择和判断的权利交给孩子，让孩子为自己的决定负责。妈妈不能"大权在握"，掌控孩子选择A，还是选择B。同样，放权能够激发赋能，让孩子感受到自身存在的价值。

　　独立思考，指的是在孩子思考问题的时候，妈妈不要将自己的思想强加给孩子，更不能用自己的思想去干涉孩子做决定。

给孩子独立空间，不做“代办”妈妈

歌德说过："谁不能主宰自己，永远就是一个奴隶。"人都不想被别人控制或者是主宰，但是妈妈却很容易犯主宰孩子的错误。或许认为孩子年龄还小，经历的事情太少，于是，想要凭借自己的经验来帮助孩子做所有的决定，从而忽视了孩子的独立，而对孩子独立性的培养，最重要的一点就是要给孩子独立的空间。

随着孩子的成长，他们会有自己的隐私，更会有自己的做事方法。无论你是否愿意承认，孩子总会有一些不希望妈妈知道或者是参与的事情，因此，作为妈妈，你不应该剥夺孩子的隐私。你应该给孩子一个独立的开放的空间，允许孩子有自己的世界，面对孩子的隐私，妈妈也不应该执意侵犯。

当我们在生活中或者工作中遇到一些问题时，会想有一个单独的空间来将自己的大脑或情绪进行短暂的修整，孩子也是如此，当他们在学习中或生活中遇到

问题时，他们可能会希望拥有独处的时间，在这段时间，他们不希望被打扰，更不希望对别人解释。此时，妈妈不要过多地追问孩子，更没有必要步步紧逼。

妈妈带娃实例

张萌萌的女儿上了六年级，她很重视女儿的学习，希望女儿能够考上当地的重点中学，于是，张萌萌决定让女儿将所有的精力和时间都用在学习上。

女儿很喜欢跳舞，从一年级就开始学习跳舞，一直学到六年级都没有停，每个星期她都会去上两次舞蹈课。然而，张萌萌认为学习舞蹈，加上平时练舞，减少了女儿学习的时间，对女儿的学习产生了影响。因此，她决定在六年级下学期让女儿暂停学习舞蹈，专心备考。

张萌萌将这件事情告诉了女儿，女儿自然不愿意放弃，毕竟她已经坚持了将近六年。但是张萌萌还是按照自己的意愿，果断阻止女儿去学习舞蹈。

因为这件事情，女儿和张萌萌吵架了，张萌萌以为过段时间女儿情绪会好一些，可女儿变得越来越沉默，甚至张萌萌越希望女儿学习，她越反感学习。

更让张萌萌接受不了的事情是女儿原本有写日记的习惯，但是张萌萌怕女儿的学习态度有懈怠，便开始偷看女儿的日记。自然，这件事情被女儿发现了，女儿对张萌萌更失望了，两人经常发生口角。

模拟考试，女儿的成绩退步不少，老师将张萌萌叫到学校，老师说："您女儿反映，她在家里感觉到很压抑，放学也不想回家，请问您家里是否发生了什么事情？"

张萌萌听了老师的话，才意识到原来女儿成绩退步和自己有很大的关系。女儿放学回家后，张萌萌先是跟女儿道歉，并保证以后肯定不会侵犯女儿的隐私，并同意让女儿继续学习舞蹈。

之后，女儿的学习成绩有所回升，母女感情也有所好转。

通过这个例子可以看出，之前张萌萌的举动剥夺了孩子做选择的权利，更没有尊重孩子，这才导致母女关系变得很差。对于孩子来讲，他们并不期望妈妈能够百分百地理解自己，但是他们希望即便母亲不理解自己，也要给自己独立的空间和保留隐私的权利。

妈妈带娃妙招

在生活中，妈妈很善于打着"爱孩子"的名义，剥夺孩子独立思考，或者是独立处理事情的权利。这会让孩子失去对母亲的信任，同时，一个不放心孩子做任何事情的妈妈，培养出的孩子多半是懦弱的、没有主见的。要知道，一个懦弱的孩子是没有勇气去克服困难的，一个没有主见的孩子是不可能实现创新，也不可能成才的。

那么，作为妈妈，在给孩子营造独立成长空间方面，应该注意哪些问题呢？

1.给孩子独立空间，并不意味着放任不管

有的妈妈做法很偏激，认为孩子无论做什么，自己都没有必要去干预孩子，于是，这些妈妈放任孩子的坏习惯一点点养成、放任孩子的错误如雪球一般越滚越大。妈妈们要知道孩子获得独立空间的前提一定是在管教与约束的基础上，并不是放任孩子做出与自己年龄、心智不匹配的劣性行为而不管。

2.引导孩子去独立地解决事情

对于性格比较内向、胆小的孩子来讲，他们喜欢让妈妈帮自己做所有的事情，不愿意自己去解决问题。面对这样的孩子，妈妈应该先引导孩子去分析事情，探索问题解决之道。当妈妈对孩子的引导起到了积极作用，当孩子再次遇到

困境时，他们才有胆量自己解决问题。这种引导孩子独立解决问题的过程，便是给孩子创造独立空间的过程。

3.给孩子独立空间，并不是让孩子坚持做错的事情

给孩子独立空间只是为了让孩子能够进行独立思考、独立解决力所能及的问题，并不是在明知道孩子犯错之后，让孩子在独立的空间里坚持错误的决定。当孩子做错事情或者是选择出错之后，妈妈还是有必要帮孩子指出来的，这与给孩子独立空间是不冲突的。

独立空间，其实是一个自我思考、自我抉择的场所。同样，当孩子的情绪出现波动时，妈妈也可以给孩子一个独立冷静的空间，让孩子获得暂时的独处，对于恢复平静的心情是有帮助的，对家庭和睦也是有帮助的。一个善于给孩子创造独立空间的妈妈，懂得如何尊重孩子。当孩子感知到来自妈妈的尊重后，他的内心会充满阳光和力量。

妈妈带娃解读

独立空间，一方面指的是给孩子创造一个属于自己的"小世界"，让孩子可以在自己的小世界里做喜欢的事情，而不用在意大人的眼光和心情。另一方面，独立空间是孩子用来进行自我情绪控制与放松心情的场所，也是孩子进行独立思考的地方。

生活参与度：锻炼孩子生活自理能力

根据调查结果显示，在我国，小学生做家务的平均时间只有12分钟。也就是说，大部分孩子很少会参与家庭劳动或者很少有机会参与到家庭劳动中。造成这种结果的原因是有些家长会担心孩子做家务弄脏衣服、耽误学习，甚至担心孩子会伤到自己，这些都是家长拒绝孩子"生活自理"的理由。妈妈要学会放手让孩子参与到家庭生活中，提升孩子的家庭生活参与度，这样才能让孩子提高生活自理能力，学会自己照顾自己。

很多家庭的父母似乎没有让孩子参与家庭活动的意识，认为只要孩子能够听话，接受来自父母的照顾就可以了。然而，随着孩子的年龄增长，他们开始对家庭生活中的一些事情表现出极大的兴趣，因此，他们会有想要动手尝试的欲望。妈妈们要知道，这是锻炼孩子生活自理能力的绝佳机会。

为什么要锻炼孩子的生活自理能力？这个问题看似不难回答，因为我们不可

能永远陪伴在孩子左右，以后孩子势必会有自己的生活，所以孩子需要照顾自己，甚至学会照顾别人。即便我们知道问题的答案，但是还是有一些妈妈"拒绝"孩子学着照顾自己，干涉孩子参与家庭生活，认为孩子的时间应该都用在学习上，从而忽视了对孩子生存能力的培养。一个不懂得照顾自己的孩子，他们是无法真正做到独立的，甚至会让孩子失去自信心。因此，妈妈不妨尽可能多地让孩子做些力所能及的事情，哪怕是一件小事情，让孩子体会到参与家庭生活的乐趣，同时也能够激发孩子独立自主的愿望。

妈妈带娃实例

张晓梅小时候受了不少苦，有了孩子之后，她决心不让自己的孩子像自己一样受苦。于是，在女儿小学六年的时间里，她除了让孩子学习之外，从来不会主动安排孩子做任何家务。张晓梅认为自己不让孩子接触家务是爱孩子，然而女儿到了初中，开始了必须自理的住宿生活，此时，张晓梅的女儿极度不适应。

女儿在学校住宿的第四天，张晓梅接到了女儿班主任的电话，电话里老师说女儿很不适应住宿生活，希望张晓梅能去一趟学校。

张晓梅来到老师办公室，老师对她说："您的女儿每天晚上睡觉之前都会哭。开始我们老师也不清楚为什么，后来才知道她是因为对环境不适应，导致内心很恐惧，感到孤单害怕。"

张晓梅曾经也想过女儿可能会不适应集体生活，但是没想到女儿适应能力会如此差。

"不仅如此，您女儿在学校住的这四天，她每天晚上的洗脚水都是让女班长帮她打的。难道她在家连洗脚水都不会自己打吗？"面对老师的质问，张晓梅觉得很尴尬，老师紧接着说："或许在家您没让她做过家务，但是在学校自己的衣服总要自己洗吧？自己的餐具也要自己刷干净吧？自己的被子总要自己叠整齐吧？"

面对老师的问题，张晓梅意识到自己曾经的想法是多么无知，她一直认为女儿还小，没必要这么小就做家务，长大了自然就会了，现如今却害了女儿。

周末，张晓梅将女儿接回家，开始尝试让女儿帮自己择菜，晚上她没有再帮女儿打洗脚水，也没有帮女儿叠被子、挤牙膏……而是都让她自己来做。

在生活中，像张晓梅这样的母亲其实并不是个例，很多妈妈认为孩子需要将全部精力放在学习上，根本没有必要花费时间去做家务。有些妈妈认为做家务本身就是大人的事情，不应该让孩子过早地承担这些繁琐的事情。然而，当孩子需要独立面对生活的时候，妈妈才会发现，只有生活能自理的孩子才能够很快适应周围的环境，也只有这样的孩子才能照顾好自己，从而有能力把精力投入到学习中去。

妈妈带娃妙招

哈佛大学曾经做过一项研究，得出了一个惊人的结论：爱做家务的孩子在成年后的就业率是不爱做家务的孩子的15倍；另一方面，不做家务的孩子的犯罪率比爱做家务的孩子高出10倍。那么，在生活中，妈妈该如何更好地锻炼孩子的生活自理能力呢？

1.帮助孩子意识到自己要承担的家庭责任

妈妈要让孩子意识到，在整个家庭中，做家务不是某一个人的事情，也不仅仅是大人的事情。每个家庭成员都有责任让家里变得更美好、整洁。不仅如此，要让孩子意识到自己的事情应该由自己去完成，父母没有责任代劳。让孩子意识

到他们作为家庭的一员，处理好自己的事情就是他们必须要承担的家庭责任。

2.给予孩子尊重，让孩子有所选择

如果孩子对做家务、做事情表现出不喜欢、不耐心的态度，妈妈不要强迫孩子，而是应该选择一种公平的方式，把选择的权利交给孩子。比如，可以与孩子商量，问孩子是选择整理自己的书架，还是选择扫地，让孩子从中选择一个自己相对喜欢做的事情。

3.将家庭任务具体化

妈妈千万不要给孩子下达模糊的命令，否则孩子很可能不知道如何去做，甚至面对命令表现出迷茫的神情。比如，妈妈经常对孩子说："把这里收拾干净。"可是怎样的状态算得上是干净呢？妈妈不妨对孩子说："把你的玩具放到箱子里，把绘本放到书架上。"让孩子知道每个步骤如何操作，这样一来孩子自然就会按照妈妈的要求行动。

4.家庭成员态度要积极

要想让孩子学会生活自理，首先妈妈要能生活自理，不仅是妈妈，其他家庭成员也要尽量做到自己的事情自己完成。比如，在妈妈让孩子去洗干净自己的袜子时，妈妈要保证自己的袜子已经洗了。妈妈不要说完让孩子不要乱扔玩具，扭头一看却发现自己的衣服全都堆在沙发上。

5.从简单的事情开始教

妈妈要想培养孩子的自理能力，要先让孩子从小事做起，从简单的事情学起。比如，先让孩子学习洗小件衣物，再教孩子如何洗大件的衣物。在这个过程中，妈妈要先教孩子洗衣服的具体步骤，而不是上来就让孩子自己洗。

让孩子参与到生活中，这能让孩子具备家庭责任感，对孩子责任心的养成也是十分有帮助的。当然，对于妈妈来讲，孩子在家庭中的参与度越高，越有利于

亲子感情的培养和深化。

妈妈带娃解读

　　专家指出，在孩子的整个成长过程中，家庭生活参与度高的孩子往往具备必要的动作技能、认知能力和社会责任感。

　　生活参与度，在这里主要指的是孩子在家庭生活中的参与能力，很多家庭只允许孩子参与到学习中，不允许孩子花费时间做家务，这显然对孩子人格培养是不利的。家庭生活参与程度直接影响孩子自理能力的形成，同时，也会影响孩子独立性格的形成。

哭泣免疫法：如何应对孩子的眼泪？

哭泣，似乎是每个孩子成长过程中都会出现的状态，有的孩子通过哭泣来向妈妈寻求帮助。虽然孩子可能真的需要妈妈的帮助，但是通过哭泣的形式表达需求，对孩子来讲并不是正确的做法。

妈妈在教育孩子的过程中会发现一个问题，随着孩子年龄的增长，孩子哭泣的次数非但没有减少，反而还增多了。孩子似乎变得"多愁善感"了，甚至因为一件小事就会大哭大闹。很多妈妈会习惯性地去哄孩子，只要孩子不哭，妈妈就会答应孩子所有的要求，可是妈妈越是这样做，孩子越是爱哭闹。久而久之，孩子越来越不满足妈妈的"给予"，甚至会提出更多过分的要求。

应对孩子无缘无故、无理取闹的哭闹，妈妈没有必要宠溺孩子、哄骗孩子，有智慧的妈妈会尝试用哭泣免疫法来"治愈"哭泣的孩子。那么，哭泣免疫法要求妈妈如何去做呢？简单来说，就是孩子哭的时候不抱，不哭的时候再抱。其实这种做法是为了让孩子意识到并不是只要自己哭泣，就能换来妈妈的妥协和忍让，让孩子明白妈妈对他的宠爱是有底线的。

妈妈带娃实例

张小雨带7岁的儿子去超市买东西，张小雨知道每次去超市，儿子总要买玩具。在去之前，张小雨就对儿子说道："儿子，妈妈要去超市买点儿菜和水果，因为你昨天刚买了一个新玩具，所以今天去超市我们不能再买玩具了。"

儿子表现得很听话，答应张小雨到超市绝对不买玩具了。

到了超市，张小雨与儿子买了需要的蔬菜和水果，正排队等待付款的时候，儿子看到前面一个小朋友拿了一个变形金刚，于是对妈妈说他也想要买一个变形金刚。

张小雨说道："我们出门之前说好的，你也已经答应妈妈了，去超市不买玩具。"张小雨坚持自己的原则，拒绝给儿子买玩具。儿子便像往常一样，开始在超市哭闹大喊："我要变形金刚，我就要变形金刚！"

面对儿子的哭闹，张小雨觉得十分尴尬，她没有着急付款，而是将儿子带到了一个顾客相对较少的区域。此时，儿子看着妈妈，还是不停地哭闹。

张小雨没有说话，而是蹲下来看着儿子哭闹。就这样过了大概五分钟，儿子哽咽地对张小雨说道："妈妈，你就给我买一个变形金刚吧。"

张小雨说道："出门前我们说好的今天不买玩具，再说家里有变形金刚，不管你哭多久，今天妈妈是不可能给你买的。"

听了张小雨的话，儿子再次哭了起来。又过了五分钟左右，儿子抬头看了看张小雨，他意识到自己的哭闹根本换不来妈妈的妥协。然后，儿子擦了擦眼泪，对张小雨说道："妈妈，今天不买，那明天再买可以吗？"

张小雨很坚定地说道："这个月妈妈都不能给你买，不过下个月你过生日的时候，妈妈可以给你买一个玩具作为生日礼物。"

听了张小雨的话，儿子再也没有哭闹，开心地跟着张小雨回家了。

类似张小雨这样的经历，想必很多妈妈都遇到过。不难看出，张小雨儿子的哭泣并不是出于内心的委屈、身体的疼痛，他的哭泣是为了让张小雨妥协，服从自己的要求。可想而知，如果张小雨这次妥协了，下次儿子看到自己喜欢的玩具还会"以泪相逼"。从另一个角度来讲，孩子只要哭闹，妈妈就打破约定满足孩子的要求，久而久之，孩子会认为哭泣是解决问题的唯一办法，他们也就不会再去思考其他解决问题的方法了，这会让孩子的大脑变得越来越懒惰。

妈妈带娃妙招

哭泣本身是一种情绪的表达，对于孩子来讲，他们善于运用哭泣来达到自己的目的。当孩子哭泣的时候，妈妈千万不要以为是孩子的内心受了委屈，千万不要为了让孩子不委屈而急于满足孩子的要求。聪明的妈妈是讲究原则的，他们善于运用哭泣免疫法，让孩子懂规矩，从而帮助孩子养成独立的性格。

儿童心理学家曾经说过："孩子的性格形成，离不开父母的管教。"对于妈妈来讲，管教孩子并不是一味地为孩子"止泪"，而是要教会孩子不用哭泣作为应对问题的方法，让孩子学会通过独立思考，来找到解决问题的技巧。

那么，在实际生活中，妈妈们要如何应对孩子的哭泣呢？

1.分析孩子为什么哭泣

在幼儿时期，孩子多半是因为身体不适、生理反应才哭泣的。而等到孩子六岁之后，他们已经能够对自身感受有正确的认知，对周围的事物也能够有较为清晰的认识，因此，他们会因为欲望、环境变化、困难、苦痛等问题哭泣。孩子哭泣的原因不同，其处理方式也是不同的。妈妈要善于分析孩子哭泣的原因，按照不同原因找到解决孩子哭泣的方法。

2.保持冷静的心态

无论孩子因为什么事情哭闹，妈妈首先要做的就是保持冷静。妈妈只有在冷静的时候，才能够分析清楚孩子为何哭泣。如果孩子是因为要达到某种目的而哭泣时，妈妈不要急于去满足孩子的要求，用满足来让孩子停止哭泣，这并不一定是明智的方法。如果孩子是因为在困难面前受挫而哭泣时，妈妈不要急于批评孩子懦弱，这种方式根本无法达到帮助孩子摆脱困境的目的。

3.分析孩子哭泣背后的心态

孩子哭泣虽然是一种情绪的外在表现，其实是孩子内心的真实反映，哭泣可能代表内心的害怕、恐慌、无助、孤独，等等。妈妈要善于分析孩子在哭泣时的心态，只有这样才能从根本上帮助孩子摆脱负面心理的影响，从而让孩子学会独立。

看到孩子落泪，想必很多妈妈都会心软。然而，妈妈要清楚，哭泣并不是解决问题的办法，而自己的妥协很可能会助长孩子哭泣的"勇气"。因此，妈妈不要害怕孩子哭泣，更不要在孩子肆意哭闹的时候，选择一味地溺爱和满口的承诺。聪明的妈妈善于用哭泣免疫法来"对付"孩子的无理取闹，让孩子明白妈妈对他的爱是有底线的。

妈妈带娃解读

　　哭泣免疫法，指的是在孩子无理取闹、有无理要求的时候，妈妈要坚持自己的原则。不要看到孩子哭泣，就因为心疼孩子而自毁底线、宠溺孩子。通过哭泣免疫法，妈妈可以帮助孩子建立独立的意识，让孩子明白控制自己情绪的重要性。

生死教育，让孩子学会照顾自己

你在孩子面前谈论过生死问题吗？想必很多妈妈都没有想过这个问题，主要是认为孩子还小，没有必要现在就让孩子了解生死，同时我们也不愿意让孩子面对生死问题。然而，随着孩子年龄增长，他们对生死问题势必会产生好奇心，这种好奇心不会因为妈妈的回避而消失。对孩子进行生死教育，其实就是让孩子有"生之敬，死之畏"的思想，从而让孩子树立正确的生死观。

通过研究发现，人类对生死的认知是从幼儿时期开始的，但是在实际生活中，有很多妈妈总是刻意回避生死的问题，因为她们觉得孩子太小，了解了生与死对孩子没有任何好处。然而，当孩子了解了生死，才能意识到生命的可贵，才能从内心意识到照顾自己的重要性。

合格的妈妈会让孩子知道，父母不可能永远陪伴在他们左右，因此，孩子需要学会照顾自己，尤其是要学会为自己做的决定负责。从这方面来讲，对孩子进

行生死教育是势在必行的。

曾经一则报道中显示，在某地发生的少年自杀事件中，有一位少年在自杀之前写到"我要去另一个世界享受生活的快乐……"。不难看出，这个孩子根本没有意识到什么是死亡，什么是生命。对于这样的孩子而言，他们根本不懂得照顾自己、珍惜生命。

妈妈带娃实例

琪琪有一个调皮的儿子，已经9岁了，但是一天到晚总是调皮捣蛋，隔三差五地磕着碰着，琪琪的儿子已经成了社区医院的"常客"。

面对儿子每次的受伤，琪琪既生气又无奈，每次她都叮嘱儿子要照顾好自己，避免摔伤碰伤，做事情要小心，儿子总是心不在焉。显然，这些话对儿子来讲，根本不起作用。

琪琪家里养了两条宠物狗，大的这只狗已经10岁了，小的那只狗才2岁，两只狗是母女关系。因为大狗年龄大了，所以很少活动。之后大狗生病了，过了一个月便死了。

小狗趴在大狗的身边，十分伤心地哼叫着，琪琪和儿子也很伤心。儿子说："妈妈，它是不是死了？"

琪琪回答："是的，它再也看不到小狗了，再也没办法照顾小狗了。"

听了琪琪的话，儿子更加伤心。琪琪安慰道："儿子，虽然大狗死了，但是它陪伴了我10年，陪伴你9年，它给我们全家带来了欢乐。"

儿子伤心地说："但是我不想让它死，它还有一个2岁的宝宝，这只小狗怎么办？它肯定很不舍。"

琪琪对儿子说："大狗生下了小狗，它陪伴了小狗2年，而这2年的时间里，它无时无刻不在教育小狗，让小狗学会照顾自己、学会自立，现在小狗出门之后知道回家的路线，饿了知道自己找食物，这对它来讲，已经算能够自理了。在这个世界上，所有的生命都有死亡的那一天，我们人类也是如此，妈妈也不可能永远陪在你身边，所以你也要学会照顾自己，不要让自己受伤，不要让自己生病。"

儿子听了妈妈的话，似乎明白妈妈的意思了。从那之后，琪琪发现儿子懂事了很多，起码不会三天两头受伤了。

琪琪通过宠物狗死亡的事例告诉儿子，没有人能永远照顾他，他要学会照顾自己。显然，她的这些话对儿子起到了作用。同样，在生活中，我们是否也希望自己的孩子能照顾自己、学会自立呢？如果我们的答案是肯定的，那么不妨在恰当的时候对孩子进行生死教育，让孩子正确对待生与死，了解生与死的意义与价值。

妈妈带娃妙招

在许多国家，大人会将对孩子的生死观教育放到学校教育中，因为他们认为只有孩子从真正意义上理解了生与死，才能正视死亡和生命。而对于妈妈来讲，对孩子进行生死教育，能够让孩子懂得学会照顾自己是多么重要。

那么，在现实生活中，妈妈要如何通过生死教育，让孩子学会照顾自己呢？

1.通过生死，让孩子意识到他们的责任

随着孩子的成长，或许孩子会问妈妈，自己是如何来到这个世界上的，有的

妈妈会觉得在孩子面前谈论这个问题要有所避讳，但是孩子有对生命的好奇，就表明妈妈需要告诉孩子生命是如何产生的。让孩子知道，妈妈将其带到这个世界上，这是父母的一种责任，同样，这并不意味着妈妈能够照顾孩子一生，孩子有责任去照顾自己。

2.给孩子讲述祖辈的故事，让孩子有"家"的概念

妈妈可以多给孩子讲述一些长辈或者是发生在先辈身上的故事，让孩子对故人有所了解，这样做能够让孩子感受到"有血有肉"的逝者，从而能够对"家"有更为真切的感受。当孩子有了家庭的感受，那么他便能够意识到自己在家庭中的角色，了解到自己是家庭中的一员，从而会明白照顾好自己，其实也是在为整个家庭付出自己的一点儿力量。

3.正确认知生死规律，让孩子明白自立的重要性

在生活中，妈妈可以有意识地通过周围的动物、植物从生到死的过程，给孩子进行生命起源与死亡的教育，让孩子对生死有正确的认知。当孩子对死亡有了一定认知之后，他们会意识到自立的重要性，从而学着去做自己力所能及的事情，学着照顾自己，而不是事事都指望妈妈替自己做。

死亡，是妈妈不想提起的词语。很多妈妈认为这个词语是残酷的、灰暗的，所以不希望将这个词语带到孩子的思想中，更不希望孩子对死亡产生过早的认知，甚至认为让孩子过早地了解死亡是残忍的事情。其实不然，让孩子明白死亡，是为了让孩子珍惜当下，让孩子明白终有一天他们需要独自面对生活。让孩子认知死亡，其实也就是让孩子了解生命，生与死的问题在孩子面前不应该是讨论"禁区"，智慧的妈妈会让孩子在珍爱生命的同时，还能够直面死亡，从而让孩子意识到自己在家庭和社会中的责任。

妈妈带娃解读

　　生死教育，即帮助孩子建立正确的生死观，让孩子通过人类繁衍的自然规律意识到自身的责任。妈妈可以通过生死教育，让孩子了解到照顾自己、达到自立，其实是其应该承担的责任，而并非是妈妈的责任。妈妈对他的照顾只是一种义务，孩子有责任照顾好自己。

孩子胆小怯懦，包办代替惹的祸

在生活中，我们会看到一些孩子见到陌生人就躲，陌生人在的时候，孩子甚至不敢做自己的事情，我们习惯称这些孩子性格胆小、怯懦。作为妈妈，我们是否羡慕别人家的孩子见到陌生人还能不怯场，甚至会主动与大人的朋友交谈？那为什么别人家孩子能表现得落落大方，而自己家的孩子却表现得胆小怯懦呢？

我们不妨回想一下，在家里你是否经常吓唬孩子，比如，在孩子小时候不听话或者哭闹时，妈妈是否会对孩子说"再哭妈妈就不要你了"。用这种恐吓，甚至是威胁的话语，让孩子达到听话、停止哭闹的目的。另一方面，有的妈妈认为孩子还小，让孩子做事情，孩子不但做不好，反而还会弄得一团糟，于是做任何事情妈妈都拒绝孩子帮忙，认为孩子不是在帮自己做事情，而是在捣乱，所以妈妈会批评孩子。以上两种情况，很容易导致孩子会变得胆小、不敢轻易尝试新鲜的事物。

找到造成孩子胆小懦弱的原因之后，作为妈妈应该反过头来看看自己的教育方法是否存在失误。通常来讲，胆小懦弱的孩子往往没有勇气去尝试主动思考，更不敢自作主张。妈妈想要培养孩子大胆的性格，就不能所有事情都代办。

妈妈带娃实例

张亚丽的儿子虽然已经9岁了，但是她发现孩子在家里和外面表现出两种截然不同的状态。

在家里，张亚丽的儿子总是大呼小叫，性格也比较活泼，但是在外面遇到其他不认识的小朋友后，他不但不敢主动加入一起玩耍，就连其他小朋友欺负他，他也不敢反抗，更不敢反击。

一天，张亚丽带着儿子去楼下玩，恰巧遇到了一个比儿子大一岁的女孩。那个女孩看到儿子手中的溜溜球，便想要抢过去玩，显然儿子是不愿意的，但是面对女孩的硬抢行为，儿子只能傻傻地看着溜溜球被抢走。紧接着，儿子开始哭泣。

张亚丽走上前，便责备儿子遇事只知道哭，之后，她代替儿子，直接从那个女孩手里抢过溜溜球，递给了儿子。

在生活中，像张亚丽儿子这样的孩子不在少数，并且像张亚丽这样处理事情的妈妈也不在少数。然而，面对孩子的胆怯，妈妈要做的难道真的是替孩子去抢玩具吗？其实不然，我们应该找到孩子胆怯怕事的原因，分析孩子为什么会如此胆小懦弱，而不是事事都替孩子去完成。

妈妈带娃妙招

在现实生活中，很多妈妈总是急于完成某些事情，在这个过程中，妈妈们不

愿意孩子参与进来，有些妈妈会认为让孩子参与进来，孩子不但帮不了自己，反而会对自己产生干扰，减缓自己做事情的速度。久而久之，孩子会变得懦弱胆小，对待身边发生的任何事情都会产生逃避的心理。

那么，在生活中，妈妈们要避免事事代办的同时如何帮助孩子改掉胆小懦弱的性格弱点呢？

1.在孩子感到害怕的时候，不要硬生生地将其推出去

在孩子退缩或者感到害羞的时候，有些妈妈会强迫孩子做出胆大的行为，认为只要孩子迈出第一步，那么之后遇到相同的情况就不会再退缩或害羞了，但最终她们却发现孩子变得更加胆怯和害羞。其实，在孩子不敢尝试某件事情时，是因为他的内心对这件事还没有足够的了解，这个时候妈妈可以鼓励孩子大胆去尝试，如果孩子自始至终表现出不耐烦或者是不愿意去尝试的态度，那么妈妈不要去强迫孩子，而是要接受孩子的选择，然后再静下心来分析孩子为什么会在这件事情上表现出胆怯的心理。

2.以毒攻毒，帮助孩子化解对某些事物产生的恐惧心理

我们经常会看到一些孩子害怕黑暗、害怕"怪物"，这是因为他们的认知能力还没有发展到能够理解这些事物，因此，这种孩子胆小的原因源于孩子的认知能力。当孩子在这方面表现出胆怯时，妈妈可以向孩子解释黑暗产生的原因，告诉孩子为什么在故事里会出现"怪物"，然后让孩子通过自己的想象力来战胜自己内心的恐惧。

3.让孩子慢慢适应自己所害怕的环境

我们不难发现有些孩子害怕与陌生的同龄孩子玩耍，这主要因为孩子的社交能力较差，孩子没有太多与外界接触的机会，总是自己一个人在玩耍。当孩子一直处在一个熟悉的环境中时，他们缺少对新环境的适应能力，一旦将孩子放到新

环境中，面对陌生的人或事，他们自然会产生恐惧之情。因此，妈妈要多带孩子去外面玩，让孩子多接触一些同龄孩子。

在孩子的世界里，妈妈不可或缺。但是如果在孩子生活的每个角落、每个时间段，都存在妈妈的身影，这对孩子的思想独立、行为独立都是不利的。妈妈要学会放手，让孩子学会勇敢地成长，这才是对孩子最好的爱。

妈妈带娃解读

孩子胆小怯懦的深层次原因多半是因为孩子不够自信，甚至是自卑。作为妈妈，如果在生活中，一味地剥夺孩子参与做事情的权利，那么孩子很容易产生自卑心理。他们会认为妈妈拒绝自己做事情的原因是自己总是做不好事情或做错事情。因此，要让孩子变得勇敢，妈妈一定要给予孩子做事情的权利。

第二章

建立契约意识，
妈妈要善于立规矩

　　契约意识，在这里指的是家长与孩子在平等的基础上建立起来的守信、诚信意识。而要建立契约意识，就需要遵守相互之间的约定与约束，这就要求妈妈要善于建立家庭规则，而规则的建立是以遵守为目的的。因此，妈妈建立的规则不但孩子要遵守，家庭中每个成员也应该遵守。遵守规矩，能够让孩子知道做事情的分寸，从而让孩子了解责任所在。

国有国法，家有家规

老话说得好：国有国法，家有家规，没有规矩，不成方圆。一个国家需要有法律，一个家庭需要立规矩。

随着孩子的长大，他们对外界事物的规则了解得也越来越多，他们知道等公交要排队，公共场合不能大声喧哗等。同样，在家里妈妈也要善于给孩子立规矩，让孩子遵守家规，这是帮助孩子变得更优秀的一个必不可少的过程。

家庭与家庭是不同的，但是在孩子学习规矩方面，也是有相通之处的。比如，在家里妈妈要让孩子学会尊老爱幼，自然要将尊老爱幼定位为家庭规矩之一。在孩子整个成长阶段，如果妈妈放任孩子，认为在家庭中，孩子没有必要太过"拘束"，任由孩子想干吗干吗，那么孩子进入公众场合、进入社会，也不可能遵守来自社会的约束。因此，妈妈要善于制定家庭规矩，让孩子愿意遵从这些合理的规矩，从而让孩子更健康地成长。

妈妈带娃实例

郑晓蓓发现上一年级的女儿总是丢三落四。每次她回到家，打开书包，不是笔落在学校了，就是橡皮找不到了。在家里写作业也是如此，写完作业女儿会将学习用品乱扔。

这天，郑晓蓓在女儿写完作业之后，很严肃地对女儿说："宝贝，你已经上一年级了，从今天开始，你自己的东西必须自己收拾，比如你写完作业后，必须自己将学习用品整理好，放回到书包里。从今天开始，妈妈是不会再帮你收拾的，如果因为你没有整理自己的学习用品，导致出现一些不好的后果，那么你必须自己承担责任。"

女儿听了妈妈的话，答应了妈妈。但是第二天早上，女儿要去上学了，因为着急出门，她忘记将作业本放回到书包，这直接导致女儿到学校无法交作业。

当天回到家，女儿生气地冲郑晓蓓嚷道："妈妈，我没拿作业本，你为什么不提醒我？"

郑晓蓓心平气和地回答："首先，你因为没有整理自己的学习用品，导致忘记拿作业本，这本身是你的错误，你没有按照妈妈的要求去做。其次，妈妈虽然是个大人，但是妈妈也有自己的事情要做，所以妈妈不可能事事都提醒你，今后属于你自己的事情，你最好自己提醒自己。"

听了妈妈的话，女儿觉得妈妈说得有道理。从那次之后，每次写完作业，郑晓蓓的女儿都会第一时间将学习用品放回到书包，现在这已经成为她的一种习惯了。

很多时候，不是孩子不愿意做得更好，而是妈妈根本没有给孩子订立明确的

规矩、规则，从孩子的角度来讲，他们根本意识不到哪些事情是应该自己去面对或解决的。因此，作为妈妈应该给孩子制定一些规则，让孩子意识到自己需要承担的责任，这对孩子的成长是十分有利的。

妈妈带娃妙招

俗话说得好，惯出来的是"熊孩子"，养出来的是"好孩子"。可见，在对孩子教育的过程中，妈妈要及时给孩子制定规则，让孩子趁早树立规矩意识。每个家庭应该有每个家庭的规矩，而每个家庭成员都应该遵守，这样才能让孩子的成长更顺利。

规矩对于孩子来讲，从一方面来看，是对孩子的约束，而从另一个方面来看，能够让孩子拥有安全感。那么，妈妈要如何给孩子定规矩呢？

1.明确态度

妈妈要在该严肃时就表现出严肃的态度。尤其是在孩子犯错之后，妈妈要让孩子知道自己对待他犯错的态度，让孩子意识到妈妈已经注意到他犯错了，只有这样，孩子才能在最短的时间内思考自己究竟为什么错，才能主动去纠正错误。

2.规矩要明确

妈妈在制定规矩之前，一定要让孩子了解自己制定规矩的目的是什么。同时，自己制定规矩的内容一定要明确，不能含糊不定，更不能太过晦涩难懂。比如，妈妈要带孩子去上兴趣班，孩子总是磨磨蹭蹭，妈妈等了半个小时，孩子还没有穿好衣服，这个时候妈妈可能会着急地冲孩子吼道："你怎么这么磨叽，快点儿！再不出发，我们就要迟到了。"这种语言其实就是在给孩子定规矩，但是这个规矩定得十分模糊，孩子听了妈妈的话，根本不知道"快点儿"意味着什么，也不清楚"迟到"会有怎样的后果。这个时候，妈妈不妨对孩子说："我再给你五分钟的时间，如果你还穿不好衣服，那么我们就会迟到，迟到了老师肯定会批评你。"这样一来，孩子心中便很清楚"五分钟"是妈妈的底线，同时也知道了自己迟到的后果会是什么。自然，孩子就会按照妈妈的要求去做了。

3.奖惩要及时

如果要想让孩子遵守规矩，妈妈可以利用一些奖惩措施。当然，如果妈妈制定了惩罚措施后，孩子恰巧犯错，妈妈不要出于心软而不去惩罚孩子，而是要"按规矩办事"。同样，需要奖励孩子时，也要给予孩子奖励，要做到说话算话。只有这样，妈妈定的规矩才有"权威性"，孩子才会心甘情愿地遵守。

4.规矩面前无例外

在家庭生活中，对于一些设定的规矩，不仅是要求孩子去遵守的，更多的是家庭成员陪孩子一起遵守的。因此，在规矩面前，家庭每位成员都没有特权。比如，妈妈要求孩子将自己不玩的玩具收拾整齐，自然妈妈也不能将自己不穿的衣物乱扔。妈妈制定规矩并不意味着妈妈可以不遵守，相反，妈妈必须起到带头作用，遵守家庭规矩。

家规，不仅仅是一些规矩，而更应该是一种培养孩子做事情的态度与习惯。制定家规，能帮孩子建立"制度"意识，让孩子更懂自我约束，这对孩子的成长是十分有帮助的。

妈妈带娃解读

家有家规指的就是在家庭生活中，所有家庭成员需要遵守的一些规矩，而这些规矩的制定是为了让整个家庭和睦、顺遂。因此，妈妈制定家庭规矩，一定不能只站在大人的角度去思考问题，也需要站在孩子的角度去设立规矩，只有这样孩子才能遵守家规，妈妈制定的家规也才能有实际的意义。

学会"戴高帽法"立规矩

在现实生活中，似乎没有孩子喜欢被约束和束缚，他们总是希望获得自由，随心所欲地做自己喜欢的事情，对待自己不喜欢的事情，他们根本不想去触碰。妈妈要想通过树立规矩来约束孩子的行为，达到培养孩子、管教孩子的目的，那么，就需要学会一些立规矩的方法。

"戴高帽"的方法其实是一种通过语言上的鼓励，让孩子感受到来自妈妈的信任和支持，从而激发孩子主动遵守规矩的动力。比如，妈妈第二天要带孩子去上兴趣班，这就意味着孩子没有玩耍的时间了，孩子内心往往会抗拒。面对这种情况，妈妈可以对孩子说："明天是周末，妈妈记忆力不好，怕忘了明天陪你上兴趣班的事情，你的记性好，上兴趣班时也认真，明天一早你记得提醒妈妈陪你去上课。"孩子听了妈妈的话，可能就不会对周末不能自由地玩耍产生抵触情绪了。

通过"戴高帽"的方法立规矩，其目的就是为了激起孩子的"求胜"心，从而达到让他们遵守规矩的目的。在现实生活中，妈妈们如果一味地用命令的口吻去要求孩子，这种教育方法所达到的效果多半是不理想的。

通过"戴高帽法"来让孩子接受妈妈制定的规矩，在这个过程中，妈妈要先审视自己设定的规矩是否靠谱，切合实际的规矩才能被孩子接受。

妈妈带娃实例

王晓雨的女儿上三年级了，学习画画也已经三年了。也许是因为三年级之后课程比较紧张，女儿越来越排斥学习画画。女儿在班级里的学习成绩很好，王晓雨希望女儿能够抽出时间继续学习画画。

周末，又到了去培训班上绘画课的时间了，女儿磨磨蹭蹭不想去，王晓雨生气地命令女儿，让她在五分钟内必须出门。虽然这次女儿去上了绘画课，但是学习效果显然很差。

这天晚上放学回家，王晓雨希望女儿在做完作业之后，能够练习绘画，女儿想要再次拒绝。这次，王晓雨没有生气地冲孩子吼骂，而是对孩子说道："女儿，妈妈知道你想多一些玩的时间，本来上了一天学也很累。但是你想想，你学习绘画已经有三年的时间了，你在班级里，学习成绩那么棒，妈妈相信你画画也会学得很好，你这么优秀，肯定哪方面都不会差的。"

听了王晓雨的话，女儿说道："那当然，在绘画班，老师可是经常表扬我的。"

王晓雨听了女儿的话，知道自己的话有了作用，然后继续说道："是啊，所以咱们不能放弃三年的学习成果啊！"

听了王晓雨的话，女儿拿出了画笔，回到房间开始练习绘画，从那之后，再去上绘画培训班，女儿再也没有抱怨过。

与孩子沟通其实需要妈妈付出很多智慧，一开始王晓雨只懂得命令女儿去遵守规则，但是这种命令的口吻根本不会让女儿心服口服。孩子不仅有自尊心，更需要得到来自妈妈的鼓励和认同。因此，通过"戴高帽"的方法来让孩子接受妈妈制定的规矩，这有助于孩子自觉遵守规矩。

妈妈带娃妙招

规矩，说得直白一点儿就是一种有益的约束。即便是有益的，孩子也是不愿意事事按照规矩去做的，毕竟孩子对事物的认知和做事情的耐力是不足的。作为妈妈，不仅要善于制定有利于孩子成长的规矩，更重要的是善于让孩子自愿地去遵守规矩，做到这点并不容易。

在生活中，我们会看到很多妈妈每天都在唠叨孩子"要怎样怎样""必须如何如何"，这些命令式地制定规矩，往往会让孩子感到反感，甚至会让孩子感到压抑。那么，在生活中，妈妈要如何通过"戴高帽"的方式来给孩子立规矩呢？

1.语言中离不开夸赞

妈妈希望孩子自觉遵守规矩，自然要夸赞孩子的一些优点，而夸赞的目的是为了让孩子能够获得自信。比如，妈妈可以对孩子说："你今天自己梳的辫子很整齐，看来长大了，以后可以自己梳辫子了。"其实，夸赞孩子梳头梳得整齐是为了让孩子意识到自己已经长大了，以后可以自己梳头，没必要再依赖妈妈了。当然，在夸赞孩子的时候，一定要注意分寸，不能过分夸大，也不能让孩子感觉妈妈夸自己是"不真实"的。

2.鼓励是"戴高帽法"的主格调

妈妈要想通过这种方式让孩子主动遵守规矩，要让孩子感受到来自妈妈的支持，而妈妈鼓励性的语言能让孩子变得更加自信。因此，在整个交流的过程中，妈妈的语言格调一定是鼓励性的、积极的，不能打击孩子，更不能暴露孩子的缺点。

3.用"戴高帽法"表述的要求需切合实际

无论妈妈要让孩子遵从怎样的规矩，最基本的要求是制定的规矩要切合实际，起码要保证孩子通过努力是可以达到的。比如，妈妈要想让孩子早起锻炼身体，那么，就要保证晚上孩子能够早点儿上床睡觉。只有切合实际，妈妈设立的规矩才能通过"戴高帽法"被孩子接受和实施。

妈妈带娃解读

"戴高帽法"，是站在妈妈的角度，从言语上给孩子设定一个符合规矩的期望，利用孩子的求胜心或者自信心，最终达到让孩子遵守规矩的目的。这种方法的运用，需要妈妈通过语言来激发孩子遵守规矩的欲望。

事前立规矩，事后讲信用

现如今的孩子似乎越来越难带，越来越让妈妈们费心，于是妈妈为了在教育孩子的道路上更省心，往往会选择一种息事宁人的方法来应对孩子的淘气——放纵。当然这是一类妈妈的心理；还有另一类妈妈，她们认为孩子是那么的弱小，根本没必要给孩子设定太多条条框框，这类妈妈认为只要孩子能够吃得好、玩得好，其他的事儿都不叫事儿。其实，无原则地放纵孩子、给孩子自由，并不代表妈妈对孩子的爱有多深，只能表明妈妈不懂得如何去管教孩子。

俗话说得好"没有规矩不成方圆"，对孩子的教育也是如此，在教育孩子的道路上，给孩子设立规矩是不可缺少的一个过程。尤其是在孩子进入小学、中学后，他们已经能够在很大程度上理解周围发生的事情，妈妈不妨通过事先立规矩的方法，来达到规范孩子行为和思想的目的。

妈妈在孩子做某些事情之前，要先立好规矩，在事后妈妈要讲信用。比如，你在去别人家做客之前对孩子说："宝贝儿，去别人家做客要讲礼貌，见到人要主动问好，不要随便动别人的东西。如果你能做到，回来妈妈就给你做油焖大虾吃，如果不能做到那我们只能吃面了。"这个承诺其实就是你给孩子立的规矩，当孩子去别人家做客表现得非常有礼貌时，作为妈妈要讲信用，事先约定怎么做，事后就要如何去做。

立规矩，其实就是妈妈用清晰明了的语言告诉孩子，什么事情可以做、什么事情不能做、什么事情应该做、什么事情不应该做。妈妈在立规矩之前，一定要了解自己定规矩的目的是什么。首先，立规矩是让孩子内心有一定的边界感，从而让孩子获得安全感；其次，可以减少孩子发生问题和出现错误的现象；最后，建立孩子的约束力和自控力。由此可见，在教育孩子的过程中，我们给孩子立规矩是十分有必要的。

妈妈带娃实例

一只大鸟在给一只小鸟做示范，让小鸟学着飞翔。小鸟看了大鸟飞翔的姿势，然后开心地在平地上学了起来，它学得很认真，几次失败之后，它终于飞了三四米高。小鸟安全着陆，大鸟将口中的虫子放到小鸟嘴里，以示奖励。

紧接着，大鸟将小鸟叼到树上，示意小鸟从树上起飞，小鸟看了看树下，有些胆怯，它退后几步，迟迟没有试飞。这个时候小鸟看到大鸟口中的虫子，示意让大鸟将虫子放到自己嘴里，但是大鸟却拒绝了小鸟的请求，直到小鸟克服恐惧，展翅飞翔在高空中。

小鸟学会了飞翔，飞回到树干上，大鸟将口中的虫子喂给了小鸟。

这个小故事是一位育儿专家在一场讲座上描述的，恰巧夏夏在带孩子的过程中，也遇到了类似"小鸟学飞"这样的事情：

夏夏的女儿在7岁的时候开始学钢琴，现在已经学琴三年了，除了每周固定上两次钢琴课之外，夏夏发现她的女儿练琴的次数明显减少。暑假的一天早晨，夏夏要求女儿练钢琴，女儿吃完饭直接打开电视，看起了动画片，夏夏十分生气。

夏夏决定给女儿制定一条规矩：练琴一小时，看电视十分钟。

女儿听完夏夏的这条"规矩"，不以为然，她以为妈妈是在跟自己开玩笑。这天女儿又没有练琴，又是直接打开电视看了起来，没想到夏夏直接走到电视机前，关掉了电视。这天，虽然女儿很不情愿地去练琴，但是她还是按照夏夏的要求练了一个小时的钢琴。练完之后，夏夏说道："我答应了你，练一个小时琴，允许你看十分钟的电视，现在你可以去看电视了。"

第三天……渐渐地，女儿开始接受并遵守"练琴一小时，看电视十分钟"的规矩，她每天都会主动练琴，之后也会主动打开电视看。

小鸟学飞才能获得食物，不学飞翔大鸟拒绝喂食，夏夏得到启发后要求女儿练琴一个小时，才可以看十分钟的电视。妈妈在带孩子的过程中，一定要事先制定规矩，事后，也要遵守自己的承诺。

妈妈带娃妙招

世界上恐怕没有不爱自己孩子的母亲，而爱孩子不一定就是对孩子"零限制"。设立规矩看似是在限制孩子、要求孩子，实则也是对孩子的一种帮助和保护。善于事先立规矩的母亲，不仅能教养出有原则的孩子，还能促使孩子更加信任母亲。

既然事先立规矩，事后讲信用，这样做对妈妈管教孩子十分有帮助，那么，妈妈应该如何事先设立规矩呢？

1.制定的规矩要有理

有些教育人士认为，母亲在与孩子设立规矩的时候，要得到孩子的同意。然而在生活中，我们不难发现，没有孩子希望被规矩"套牢"，许多规矩都是孩子不愿意去遵守的。如果孩子不同意，母亲们就不去制定这条规矩，那么可想而知，孩子依然会生活在放纵的环境中。例如，一位妈妈想要让她的女儿在晚上九点半之前睡觉，女儿为了多看一会儿动画片，不愿意接受妈妈制定的这条"规矩"，她可能会提出质疑并进行反抗。由此可见，妈妈制定的规矩不一定会得到孩子的完全认可，但一定要有理可讲。

2.制定的规矩要有一定的针对性

不是做任何事情都需要规矩来约束的，因此，在事前制定的规矩一定是与事情本身相关联的。毕竟，规矩是针对孩子某些不妥的行为或思想而制定的，所以制定规矩前要考虑孩子已经出现的问题或者是容易犯的错。

3.制定操作性强的规矩

有的妈妈可能会想起来一件事就临时制定一条规矩，但是在实际操作过程中，会发现设定的规矩并不适用。比如，为了提高孩子的身体素质，妈妈订立规矩——早晨六点到六点半，是孩子的跑步时间。但孩子每天晚上十点多才睡觉，按照孩子的睡觉时间来计算，孩子在早上六点是很难起得来床的，更不要说起床跑步了，那么这条规矩自然就是不切合实际的，订立这条规矩也是起不到任何约束的作用的。因此，妈妈在订立规矩时，要考虑可量化、可操作性等因素。

4.其他家庭成员不可随意放任孩子的行为或打破规矩

我们经常看到一些家庭出现这样的情景：妈妈规定孩子在睡前半小时不能吃东西，而孩子的奶奶爷爷会"怂恿"孩子睡前加餐。最后，孩子看到有爷爷奶奶

做自己的"保护伞"，便不再遵守妈妈订立的规矩。由此可见，妈妈订立的规矩一定要让家庭其他成员也遵守，只有这样孩子才能遵守规矩，规矩才能建立起来。

做事情之前要懂规矩，做完事情父母要讲信用。妈妈给孩子立规矩，如果孩子按照规矩去做了，接下来妈妈要按照约定实现孩子的要求，这样做才能激励孩子，在以后的日子里，孩子才愿意去接受妈妈制定的新规矩。

妈妈带娃解读

事先立规矩，是妈妈为了约束孩子的行为，也是预防孩子再次犯错、发生问题的一种方法。

事后讲信用，是让孩子感受妈妈给予的爱与安全感的一种方法。如果孩子遵守规矩，那么，孩子会从遵守规矩中有所收获。如果孩子没有遵守约定好的规矩，那么孩子的内心会产生愧疚和无助，甚至感受不到安全感，而这些负面的情绪又能够督促孩子以后遵守规矩。

奖惩激励，规矩方可"立"

　　任何孩子都希望得到来自妈妈的奖励和认可，即便是那些看上去没有任何优点的孩子。毕竟得到来自大人的奖励和认可，能够让孩子在心理上产生满足感，在情绪上产生愉悦感，从而能够激发孩子的上进心和自信心。相反，惩罚能够让孩子意识到自己犯的错误，体会到犯错所产生的后果，他们会更能理解责任和后果意味着什么。

　　妈妈在立规矩的同时需要借助一些奖惩措施，来激发孩子遵守规矩的能力。举个最简单的例子，相信很多妈妈对孩子说过类似的话："只要你这次考得好，妈妈就带你去旅游。"其实这就是为了让孩子遵从"好好学习"的规则，而提出的一种奖励方案。

　　对于孩子来讲，他们需要体会得到奖励的喜悦，也需要体会被惩罚的痛苦。因为喜悦之情能让孩子感到开心，而痛苦则会让他们牢记规矩的重要性。当然，

奖惩措施的建立，并不意味着可以毫无底线地满足孩子的要求，这里的奖励不一定是物质上的奖励，也可以是精神上的一些奖励，而惩罚，也并非是单纯的体罚，让孩子意识到自身的不足才是关键。

妈妈带娃实例

李双双发现女儿上了小学之后，在作息时间方面的自控能力很差。在幼儿园的时候，女儿吃饭时很专注，吃完饭才会离开桌子，每天晚上九点她会准时上床睡觉。而进入小学之后，每次吃饭女儿都是边玩儿边吃，晚上也需要大人反复催促，女儿才肯上床睡觉。女儿上学前后的差距，让李双双十分不解。

后来，李双双通过分析发现，幼儿园在一日三餐后，老师都会用发小红花的方式来进行奖励，如果哪位小朋友吃饭的时候表现得很棒，老师会给孩子发一朵小红花以示奖励。到了小学，孩子不在学校吃饭，这种奖励制度自然就没有了，女儿也就失去遵守规矩的动力。于是，李双双为女儿制定了一个作息表现奖惩表。在这个奖惩表上，李双双规定了吃饭的状态、睡觉时间、起床时间等，她还告诉女儿，如果女儿一周中有五天能够完成作息表上的要求，周末就会奖励她去附近的游乐场玩一次。如果没有达到要求，周末则只能在家里练习书法。

面对这样的奖惩，女儿十分愿意接受。之后，李双双发现女儿吃饭、睡觉都能按时完成了。

在现实生活中，我们会发现孩子遵从他们不愿意遵守的一些规矩是需要动力的，而这些动力来源于哪儿？多半来源于家长的奖励或鼓励。同样，在必要的时候，妈妈也要按照制定的规矩给予孩子一定的惩罚，只有这样孩子才能牢记教训，意识到规矩的严肃性。

妈妈带娃妙招

为了让孩子遵守规矩，妈妈可能会变成一个"唠叨"的妈妈。在生活中，我们经常会听到妈妈催促孩子去做一些事情，也会听到妈妈用命令式的口吻督促孩子遵守规矩。然而这些做法呈现出来的效果十分不理想。

那么，在生活中，妈妈该如何通过奖惩方式去激励孩子遵守规矩呢？

1.通过奖惩一览表来明确奖惩方式

在生活中，妈妈可以和孩子一起制定奖惩表，在表格中列出每天孩子需要完成的任务，在这个表格上，所呈现的任务要是具体的，比如完成几道题、完成什么家务等。只有直观、具体的任务，才能引申出确切的奖惩措施，这样才能激发出孩子完成任务的动力。

2.奖励内容不可完全用物质代替

有些妈妈为了激起孩子遵守家庭规则的欲望，选择用金钱或者物质的方式来奖励孩子。比如，当孩子按时完成作业时，会给孩子十块钱作为奖励。这样的奖励往往对孩子长期行为习惯的养成是没有太大积极意义的。妈妈不妨换一种方式来奖励孩子，比如，孩子如果连续一周主动完成作业，在周末可以带孩子去图书馆看孩子喜欢的漫画，或去电影院看孩子喜欢的电影。我们选择的奖励方式一定要对孩子的成长有利，并且是孩子希望得到的。

3.惩罚方式要与后果相关联

由于孩子没有遵守规矩而产生的后果，妈妈要让孩子自己去承担。同时，在惩罚措施中，可以将惩罚方式与后果相联系，这样才能达到更深刻的教育作用。比如，孩子调皮，将其他小朋友的玩具摔坏了，妈妈可以让孩子用自己的零花钱去购买新的同款玩具，并归还给别人，这样孩子可以支配的零花钱会减少，他没

有足够的零花钱去买自己喜欢的玩具，这就是他损坏他人物品所要承担的后果。

奖惩激励对于孩子来讲，是激发孩子主动遵守约定的一种方法。在这个过程中，妈妈切记不要单纯依靠物质奖励，要从多方面去激发孩子的主动性。同样，妈妈也不要将惩罚定位为对孩子身体的折磨或者言语的攻击，否则惩罚也就只是为了惩罚，根本达不到教育孩子遵守规矩的目的。

妈妈带娃解读

奖惩激励在当今社会中，运用得十分广泛。对待孩子，无论是奖励，还是惩罚，目的只有一个，就是让孩子遵守规矩，遵从规则。通过奖励让孩子更愿意去做该做的事情，通过惩罚让孩子明白什么事情不该做、不能做，这才是运用奖惩激励教育孩子的目的。

用规矩教孩子学会尊重

在生活中，我们经常会听到一些妈妈抱怨自己的孩子没礼貌，抱怨孩子不懂得尊重长辈或者他人。提到尊重，一部分妈妈会认为孩子还小，不懂尊重他人也属于正常情况，其实不然，在孩子6岁之后，他就需要开始学习尊重别人、尊重长辈，并且他已经有能力去理解尊重的含义，也能感知到尊重的具体表现。

幸运的是尊重是可以通过后天的教育培养出来的，妈妈在教育孩子的时候，完全可以利用订立的规矩来帮助孩子学会尊重。比如，妈妈可以告诉孩子，在别人说话的时候不要随便打断别人的话，这就是在培养孩子养成尊重别人话语权的习惯。

尊重，是一种发自内心的素养。妈妈要培养孩子学会尊重别人，就要在这方面给孩子制定规矩。让孩子在尊重别人的过程中，获得来自他人的尊重。

曾经有一位教育学家说过："当一个孩子不懂得尊重别人时，他的言行都透

露着急躁与粗鲁。"可见，一个懂得尊重别人的孩子是充满耐心的人，而耐心的培养就离不开妈妈给孩子立规矩。

妈妈带娃实例

马丽是我的好朋友，所以我经常会去她家里拜访。马丽的儿子已经7岁了，因为我去的次数多了，所以和马丽的儿子也变得熟识。

周末，我再次去找马丽聊关于工作的事情，正在我们认真聊天的时候，马丽的儿子扯着她的胳膊说道："我渴了，我想喝果汁。"

马丽对儿子说道："亲爱的，等一会儿我给你倒果汁。"

马丽说完，紧接着又开始和我聊天，这个时候只听到一个刺耳的声音传来："妈妈闭嘴，我现在就要喝果汁。"这是马丽儿子的声音，马丽停了下来，看了一下儿子，扭头对我说道："亲爱的，抱歉，我需要跟我的儿子谈一下。"

马丽对儿子说道："小杰，你不是我的老板，你没有资格命令我闭嘴。当然，你也没有资格打断我和朋友的聊天。"

"我只是想喝果汁。"马丽的儿子解释道。

"我理解你，但是我已经告诉了你，请不要轻易打断别人的交谈，我需要你的尊重，否则我不会乐意帮助你倒果汁的。"马丽很严肃地对儿子说道。

"好吧，对不起妈妈，我记住了。"马丽的儿子低下了头。

"小杰，因为你的原因耽误了我和朋友十分钟的聊天时间，所以很抱歉，我需要推迟十分钟才能给你倒果汁，如果你等不及的话，你可以尝试着自己去倒果汁。"玛丽说道。

说完之后，玛丽又开始和我聊天，而他的儿子只好自己去倒果汁。

通过马丽教育儿子的例子，我们不难看出，她的儿子没有遵守马丽制定的规矩，并且言辞中缺乏对母亲的尊重，而马丽的做法是在教育孩子学会尊重别人。在现实生活中，很多妈妈不懂得如何让孩子学会尊重他人，其实马丽的做法值得我们去学习。

妈妈带娃妙招

学会尊重，有助于孩子在生活中获得成功与进步，因为尊重本身是一种发自内心的态度。如果你的孩子不懂得尊重同龄人，不懂得尊重长辈，那么，孩子也无法获得来自他人的尊重。妈妈要善于通过制定的规矩，来达到约束孩子言行的目的，而对孩子言行的约束，在很大程度上就是为了让孩子学会克制自己、尊重他人。

在生活中，妈妈要如何让孩子从规矩中学会尊重呢？

1.妈妈要先学会尊重孩子

如果一个孩子从来没有得到过亲人的尊重，那么，妈妈也不要期望孩子懂得尊重别人。因此，在制定规矩的时候，妈妈要先学会尊重孩子的意见和建议，多站在孩子的角度去进行思考，只有这样孩子才更愿意接受来自妈妈的"约束"。妈妈表达对孩子的尊重是多种多样的，比如尊重孩子的能力、尊重孩子的选择等等。

2.站在平等的位置上制定规矩

很多妈妈在给孩子立规矩的时候，总是以长辈的姿态来要求孩子，这种姿态不利于孩子亲身感受到什么是尊重，很容易让孩子认为规矩就是妈妈说了算，只要妈妈觉得正确的事情就会被立成规矩，这种思想一旦建立，孩子在妈妈面前便会觉得没有尊严。其实，妈妈要用商量的口吻与孩子进行沟通，订立规矩也是如

此，不能过于强硬，否则孩子感受不到应有的尊重，自然也不会去尊重别人。

3.个人价值等于尊重

妈妈给孩子立规矩的目的是什么？其实就是为了通过这些有利于孩子成长的规矩，让孩子多一些优点，少一些缺点，从而提升个人价值。而当孩子意识到这点之后，他会明白一个人的个人价值就体现在尊重与被尊重上。当自己获得更多尊重的时候，就表明自己的个人价值提高了。同样，当自己懂得尊重别人时，就表明自己在积累个人价值。

懂得尊重别人，别人才会尊重自己，这个道理应该告知孩子。因此，妈妈要学着让孩子去尊重别人，同时也要让孩子体会什么是被尊重。当孩子对"尊重"有了正确的认知之后，他才会学着去尊重别人，才愿意执行具有尊重意义的规矩。

妈妈带娃解读

妈妈想让孩子通过遵守规矩学会尊重别人，并不能单纯通过言辞说教，而是需要让孩子真正感受到尊重他人会带来怎样的好处。同样在生活中，家庭成员也要对孩子表现出尊重，只有这样孩子才不会认为被尊重是大人的特权，也才会更愿意去遵守大人制定的规矩。

不要给孩子特权，做到一视同仁

妈妈爱孩子是一件十分正常的事情，但是不能因为爱就肆无忌惮地随意迁就孩子。有的妈妈打着"爱孩子"的旗号，不惜一切去满足孩子的需求和要求，甚至没有原则和底线地去给孩子搞"特权"。其实，妈妈用给予孩子特权的方式去教育孩子，这对孩子的伤害是非常大的，甚至会影响到孩子的健康成长。从某种意义上来讲，在家庭中给孩子"特权"，很容易让孩子在内心里有"独尊"的感受，最终导致孩子养成自私的性格。

在很多家庭中，妈妈让孩子生活在"特权"的环境中，将最好吃的留给孩子，最好的玩具送给孩子，站在妈妈的角度来讲，她希望将全世界最好的东西都留给孩子，而站在孩子的角度来看，他们则会认为这是妈妈应该给予自己的。如果"特权"一旦消失，那么孩子会感觉备受打击，甚至会做出过激的行为。

对孩子来讲，他们在家庭中的地位应该和其他家庭成员是一样的，妈妈既不

能仰视孩子，也不能俯视孩子。而给孩子特权，无疑是让孩子认为，妈妈在主动打破规矩，孩子也就没有遵守规矩的必要了。从深层次来分析，特权就是打破规矩的一种形式。妈妈主动给孩子家庭"特权"，无疑是在告诉孩子，他可以不遵守规矩。

妈妈带娃实例

王佳佳是典型的晚婚晚育者，她在将近四十岁的时候才生下儿子，现如今儿子已经上了小学，她很宠爱自己的孩子。

儿子喜欢吃牛肉面，于是，每个周末王佳佳都会带儿子去离家最近的面馆，吃一碗牛肉面。每次去吃面的时候，她习惯性地要两碗面，并将自己碗里的牛肉都夹给儿子吃。久而久之，儿子已经习惯了将妈妈碗里的肉吃掉。

这次，店里的客人很多，王佳佳在面端上桌之前，将自己碗里的牛肉提前夹到了儿子的碗里。当儿子拿起筷子想要吃面的时候，他发现妈妈并没有将牛肉夹给自己，于是便开始哭闹，说妈妈偷吃了碗里的牛肉。

面对这样的情况，王佳佳对儿子解释道："妈妈已经提前将碗里的肉放到你的碗里了。"但是面对妈妈的这种说法，儿子并不认同，反驳说："那我怎么没有看到，肯定是你把属于我的肉偷吃了。"

无奈，王佳佳只好再要了一碗面，然后当着儿子的面，将碗里的肉夹给他。

通过王佳佳带儿子吃牛肉面的例子，我们会看到很多妈妈溺爱孩子的身影。相信很多妈妈都会在生活中给孩子一些"特权"，而给了孩子特权之后，妈妈还毫不自知。久而久之，妈妈和孩子都认为这种特权变成理所应当的时候，才会发现其危害有多大。

与王佳佳教育方式不同的是陈丽，陈丽的女儿上小学三年级。一天，奶奶爷爷从老家来看望女儿，买了女儿最爱吃的烧鸡，奶奶将一个鸡腿递给女儿，女儿看到盘子里的烧鸡，便将另一个鸡腿放到奶奶碗里。奶奶笑得很开心，说道："奶奶不爱吃鸡腿，还是留给我的宝贝孙女吃吧。"说完，将碗里的那个鸡腿再次放到女儿碗里。女儿看到碗里的两只鸡腿，疑惑地问妈妈："妈妈，老师说要学会孝敬老人，可是奶奶又给了我。"

面对女儿的疑惑，陈丽说道："奶奶因为爱你，便将她的那个鸡腿送给了你，既然奶奶不爱吃鸡腿，那你可以给奶奶夹一些奶奶爱吃的食物。"

听了陈丽的话，女儿将盘子里的虾夹了很多给奶奶，即使她自己也很喜欢吃虾。

陈丽从来不让孩子觉得自己在家里是"特殊的"一员，她不溺爱孩子，这并不代表她不爱孩子。陈丽希望通过这样的方式让孩子懂得在家庭中，所有的成员都是一样的，虽然女儿是个孩子，但是这并不意味着她有"特权"享受。

妈妈带娃妙招

相信很多妈妈都有这样的想法，即孩子是弱小的，所以家里所有的好东西都应该先给孩子，妈妈认为只有这样才能彰显自己对孩子的爱。然而这种做法其实并不是爱，而是在教孩子可以不遵守规则。那么，在生活中，妈妈要如何避免给孩子"特权"，做到一视同仁呢？

1.正确看待孩子

孩子对于妈妈来讲是什么？有的妈妈会说："是我的全部希望。"如果妈妈将孩子看作是自己的全部，那么自然会将生活中所有的美好都给孩子。要知道，

在妈妈的眼睛里，孩子只是个孩子，而在家庭中，他们也是家庭中的一员。如果妈妈将孩子看作是一个家庭成员，自然就会明白，其他成员要遵守的规则，孩子也必须遵守。

2.正视规矩的存在

在当今社会，即便妈妈不给孩子制定规则，社会也会给孩子制定规则，这点是毫无疑问的。举个很简单的例子，孩子在进入学校之后，学校会要求孩子遵守纪律，甚至会要求孩子学会分享和礼让。而在家庭生活中，这些规则也是适用的。比如，我们从小就知道的"孔融让梨"的故事，在学校老师教会孩子要礼让，而到了家庭生活中，妈妈却赋予孩子"特权"，将最大的梨给孩子吃，将最美味的东西让孩子独享。孩子会感到疑惑，甚至会质疑老师讲的规则。其实，妈妈根本没有意识到自己的做法违背了早已形成的规则，或者说妈妈根本没有意识到规则的存在。在教育孩子的时候，妈妈要对自我行为进行深入思考，这样便能够避免特殊化对待孩子。

3.在生活小事中避免给孩子特权

在生活中，让孩子感觉到自己有"特权"的往往不是因为大的事情，相反，是在小事上让孩子觉得自己有"特权"。比如，妈妈一边对丈夫说不要乱扔东西，另一边却允许孩子将玩具扔得满屋子都是，这就给孩子造成一种感受：我可以乱扔东西。因此，妈妈必须从生活小事做起，拒绝在小事上给孩子"特权"。

不能因为孩子年龄小，就给孩子足够的"特殊对待"，让孩子认为自己就应该被特殊对待，这种思想对孩子以后的成长是十分不利的。因此，正确地对待孩子，对孩子自信心的建立也是有帮助的。

妈妈带娃解读

　　给孩子特权，其实就是将孩子特殊化对待，剥夺原本属于其他家庭成员的那份权利，然后赠予孩子，从而孩子多了一些享受权利的机会，少了对规矩的认知和遵守。妈妈教育孩子时，要避免在小事上进行"权利转让"，让孩子明白他们也是家庭中的一员，需要和其他家庭成员一样遵守家庭规矩。

第三章

培养责任感，没有谁是孩子永远的保护伞

责任感是一种自觉性很强的精神状态。培养孩子的责任感，从本质来讲就是让孩子明白做什么事情是有价值、有意义的。当然，孩子具备了责任感，才能驱动自己勇往直前、克服困难。培养孩子责任感，是妈妈赋予孩子无形的力量，毕竟，妈妈不可能陪伴孩子一生，不能做孩子永远的保护伞。

接受成长，别让孩子成了"阿斗"

作为母亲，你是否意识到孩子在慢慢长大呢？很多妈妈习惯性地为孩子做一切事情，甚至帮助孩子做所有决定，因为在妈妈心里孩子永远长不大。的确，对于妈妈来讲，孩子无论多大年龄，在妈妈眼里都是孩子，但这并不能表明孩子没有长大，不能代表妈妈可以拒绝接受孩子长大的事实。

俗话说，"不做扶不起的阿斗"。在现实生活中，很多妈妈由于代办、包办孩子的一切事情，活脱脱地将孩子培养成了"扶不起的阿斗"。这样的孩子表现为，不会独立思考，不知道如何做选择，更不敢独自面对困难，总是寄希望于家长。即便孩子遇到了很简单的问题，他们也不敢独自去面对。这些表现归根到底是因为孩子缺乏责任心，是由于妈妈拒绝了孩子成长所造成的。

成长是一个过程，在这个过程中，不仅需要妈妈付出无私的爱，更需要妈妈给予孩子锻炼的机会、成长的机会。因此，妈妈要学会陪伴孩子成长，让孩子拥有成长的机会。

妈妈带娃实例

在一档亲子节目中，有这样一对母子：儿子已经上小学四年级了，妈妈每天早上要叫孩子起床，还要给孩子做饭，帮孩子挤牙膏。出门之前，孩子换鞋、系鞋带都是由妈妈来完成。不仅如此，每天放学回家，孩子写完作业，妈妈还帮孩子整理书本和文具。

节目中的教育专家看到这一个个场景之后，便问那位母亲，为什么不让孩子自己去做这些事情。母亲回答道："他还小呢，这些事情他做不好，还不如我做呢。"

教育专家听了这位母亲的话感到不可思议，便继续问道："难道你的儿子连自己系鞋带都不会吗？"

这位母亲说道："也不是没有让他去尝试系鞋带，但他竟然系成了死结，中午放学回来我才发现。"

"那如果您的儿子在学校鞋带开了，他会怎么办？难道让老师给他系鞋带吗？"教育专家无奈地问道。

"那肯定不能让老师帮他系鞋带，他表姐和他在一个班，我告诉他可以让表姐帮他系鞋带。"妈妈回答。

"既然他的表姐和他在一个班，想必年龄应该相当，那为什么别人家的孩子能学会的事情，您的儿子就不能学或者说不会做呢？"专家不解地问道。

妈妈有些不耐烦地回答道："不是不能让他做，我说了，让他做了他也做不好。"

教育专家说道："不能因为他一次做不好，您就一直代劳吧。"紧接着专家

问她的儿子："小朋友，你不觉得自己应该学会自理吗？"

"我妈说我做得不好，说我还小，没必要做这些事儿。"他回答道。

紧接着，专家对这个孩子做了一些测试，发现这个孩子从小学以来，几乎没有独自解决过生活中遇到的任何困难，也从来没有自己做过决定，妈妈几乎包办了孩子的一切。

通过这个例子不难看出，这位母亲不认为孩子已经长大，在她的内心里，自己的孩子上小学和上幼儿园时是一样的。而孩子也认为遇到任何事情，只要找妈妈就可以解决了，自己不用去承担自己该承担的责任。显然，这种被妈妈拒绝成长的孩子是缺少独立思考能力的。

妈妈带娃妙招

在当今社会，妈妈要做的不仅仅是将自己全部的爱给孩子，更重要的是教会孩子如何在这个纷繁复杂的社会里生存，如何让孩子感受到自己存在的价值和意义。当然，没有任何一个妈妈希望孩子最终一事无成。那么，在现实生活中，妈妈要如何做才能让孩子真正成长，避免孩子成为那个扶不起的阿斗呢？

1.学会放手，让孩子独自面对

妈妈总是害怕孩子受到伤害，于是很多妈妈会提前扫除孩子成长道路上的一切障碍。不仅如此，有些母亲会为孩子规划好人生，以为这样就是在帮助孩子。殊不知，不懂放手的妈妈，往往会给孩子制造人生更大的陷阱。因此，妈妈要敢于放手，让孩子独自面对自己人生应该经历的选择，从而锻炼孩子的自主意识，让孩子懂得为自己的选择负责。

2.丰富孩子的阅历

人生重在体验，当孩子体验了成功与失败，自然会明白是非对错，也就能够意识到什么是责任，什么是义务。因此，妈妈要多带孩子体验生活，让孩子了解是非对错。从而提升孩子对生活的认知，让孩子在成长的道路上更有信心。

3.先让孩子努力自救

在孩子成长的道路上势必会遇到很多困难，也会遇到一些孩子无法解决的难题。在孩子遇到挫折之后，妈妈不要急于伸出援助之手，而是要先让孩子自己尝试去解决问题，在孩子自救无果时，妈妈再出手帮助孩子解决困难。通过经历挫折，孩子才能有更多的体会和感悟，才能让孩子变得更加坚定和刻苦。

孩子的成长是需要一个过程的，同样，在孩子成长的过程中，妈妈也必然要接受孩子的成长，即妈妈要敢于让孩子接受新鲜事物，让孩子大胆地去尝试，给孩子足够的成长空间。否则，孩子缺少了成长机会，在性格方面很容易出现懦弱胆怯等弱点。

妈妈带娃解读

无论妈妈是否接受孩子长大的事实，孩子都会随着时间而长大，当然，年龄的增长并不代表孩子真正意义上的成长。只有当孩子经历了生活的洗礼，他才能真正长大。聪明的妈妈善于利用生活赋予的机会，促进孩子成长。

自我服务，有助于孩子培养责任心

对于孩子来讲，当他们面对事物时，内心往往有自己的想法。为了能够实现自己的想法，通常他们会选择主动思考，从而捕获更多信息，他们通过这些"自我服务"来让自己的想法得以实现，这就是孩子的自我服务。

在生活中，大部分妈妈习惯为孩子"服务"，也不乏一些妈妈成了孩子的贴身"保姆"，其实这种对孩子无微不至的照顾，可能会让孩子丧失自我服务的能力，而自我服务追求的就是独立性、责任心和规划性。比如，一个善于自我服务的孩子，他们能够在时间上对学习与娱乐进行合理的规划，让自己的生活实现平衡，而自我服务的根源便是孩子明白自己的责任是什么。

我们经常会听到一些妈妈抱怨道："我的孩子做事情很慢，半个小时了一件衣服还没穿上。"其实，对于很多孩子来讲，他们对待事物缺乏规划，甚至缺少对事物本质的认识，这主要是因为妈妈没有对孩子的自我服务意识进行培养。

对于妈妈来讲，让孩子了解自己做一件事情会得到什么、失去什么，这要比拒绝孩子去做事情要重要得多。孩子在进行自我服务的过程中，势必会去做一些妈妈可能不愿意让孩子做的事情，此时，妈妈一定要放开自己的手，让孩子勇敢地尝试，不管是成功还是失败，孩子一定会有所收获的。因此，培养孩子的责任心离不开对孩子自我服务能力的培养。

妈妈带娃实例

网上有这样一个视频：一个十多岁大的男孩在自己削苹果，他手中的刀子很锋利，男孩不小心将刀子掉在地上，而自己的手在捡刀子时不慎被割破。男孩看了看自己流血的手指，哭了起来。

这时妈妈走过去，心疼地看着孩子，孩子哭着说道："妈妈，你说得很对，这把刀很锋利，我不该边削水果边看电视。"

可以看出，这位妈妈在孩子用刀削水果之前，已经提醒过孩子，水果刀很锋利，要小心，孩子通过手指被划破这件事情，已经意识到自己的责任所在。在生活中，很多妈妈都会希望孩子通过自我服务的方法来让自己变得更有责任心。

梁贝贝已经9岁了，她的妈妈独自经营了一家面馆。暑假，妈妈希望梁贝贝去上补习班，而梁贝贝却不愿意去上补习班。

这天，又该去上补习班了，梁贝贝在房间里哭闹，目的就是不去上课。妈妈实在没有办法，对梁贝贝说："既然你不愿意去上补习班，那只能和我一起去面馆工作了，你一个人在家里，我不放心。"

梁贝贝兴高采烈地和妈妈去面馆。因为是暑假，面馆生意很好，到了下午两

点，客人还在陆陆续续进店来吃面。梁贝贝不停地帮妈妈收拾餐具、刷碗，到了三点她又累又饿，但是妈妈还在忙，根本没时间管她。一直到下午四点，梁贝贝和妈妈才有时间坐下来吃点东西，而这个时候，梁贝贝已经累得腿脚酸痛。到了晚上六点，店里又开始忙碌，直到晚上十一点最后一桌客人才离开。到家之后，梁贝贝发现已经十二点半了。

妈妈问梁贝贝累不累，这个时候梁贝贝再也忍不住哭了出来，她对妈妈说："妈妈，对不起，我明天就去上补习班。"

从那天之后，梁贝贝会主动去上课了，再也没有吵着不去上课。

妈妈通过让梁贝贝在店里劳动的方法，让她明白做任何选择都是要为结果负责的，这其实就是让梁贝贝对自己选择的结果"服务"来认识到自我选择的错误。

妈妈带娃妙招

通常来讲，我们认为让孩子学会自我服务是有好处的，这不仅能够锻炼孩子的独立性，还能够让孩子拥有独立思考和独立做事情的能力。另一方面，培养孩子的自我服务意识，能让孩子看到自己做事情的后果。

那么，在生活中，妈妈要如何培养孩子的自我服务能力呢？

1.给孩子提供获取信息的通道

妈妈要培养孩子自我服务的能力，就需要让孩子获得足够的信息，保证孩子能够开拓自己的思维，了解清楚事情的经过和本质。如果孩子对事情不够了解，自然不会去自己解决问题。

2.给孩子提供锻炼自我的场合

要培养孩子的责任心，那么孩子就需要有自我锻炼的机会。部分妈妈总是包办孩子的所有事情，这样孩子自然会缺少锻炼的机会，久而久之，孩子便失去了独立思考、独立解决问题的能力。在一些场合、一些问题是可以交给孩子去解决的。比如，带孩子去饭店吃饭，剩菜剩饭要打包，这个时候妈妈可以让孩子去找服务员要打包盒，以锻炼孩子的胆识和应变能力。

3.帮孩子建立自我"负责"的意识

培养孩子的自我服务意识，很大程度上是让孩子学会对自己做的事情负责。这就需要孩子在做事情之前先了解自己这样做的后果是什么，预估后果的严重性。当孩子建立了自我负责的意识，那么他们在做任何决定之前，都会很认真地思考，决定是否要这样选择，事情是否要这样做。

自我服务，就是让孩子做自己该做的事情，对自己的事情负责。这样能培养孩子的责任心，避免孩子养成万事靠父母的心理和生活习惯。

妈妈带娃解读

自我，指的是孩子内心深处的自己，更真实的自我。服务，指的是可以给孩子带来利益或满足的行为活动。让孩子通过自我服务，做出自我选择，最后再让孩子学会承担后果。自我服务的过程，并不能说明孩子所有的行为都是正确的，但这些行为一定承载了孩子真正的想法。

鼓励孩子做事情有始有终

　　在生活中我们经常看到一些孩子在做某件事情之前兴高采烈、激情澎湃，但还没做完就想要放弃，或者直接选择放弃，这种做事半途而废的现象很常见。曾在网络上有一幅漫画，画的是一个人在挖水井，他已经挖了很多坑，但是没有一个坑能挖出水，而在他挖的最深的那个坑的下面一米处，就是水源。而这个人因为太累，最终放弃了挖水，自然他也没有喝到水。可见，做事情半途而废，还不如一开始就不去做这件事情，起码不会浪费时间和精力，所以妈妈要从小教育孩子做事情不能半途而废，要让孩子学会坚持，即便遇到困难，做事情也要有始有终。

　　我们不妨去分析一下，孩子为什么会出现做事情有始无终的现象呢？其实原因无非有三点：一是孩子在开始决定做某件事情时，好奇心很强，随着对这件事情的接触和了解，他们的好奇心不再那么强烈，最终失去好奇心的时候，也就是孩子决定放弃的时候；二是因为他们在做某件事情的过程中遇到了一些困难，这些困难是孩子无法解决的，因此孩子只好选择放弃；三是孩子不够自信，从孩子内心来讲他们觉得自己做得不够好，或者即便做完这件事情他们可能也不会成功，于是选择放弃。在了解了孩子做事情半途而废的真正原因之后，妈妈要学会正确引导孩子，让孩子在做事情的过程中避免出现半途而废的现象。

妈妈带娃实例

这天刘丽丽的女儿在看电视，她看到电视上一位著名的钢琴家在弹钢琴，听完钢琴曲之后，她兴致勃勃地对妈妈说，她也想学钢琴。刘丽丽知道这可能是女儿一时兴起，便没有放在心上。第二天，女儿又开始要求学钢琴，刘丽丽问女儿是不是真的想学，女儿坚定地回答："我一定要学钢琴！"

刘丽丽给女儿报了钢琴培训班，然后让女儿去学钢琴，学了还不到一个月，女儿突然说自己不想学了，刘丽丽问她为什么不想学钢琴了，女儿回答："学钢琴太难了，又枯燥。"刘丽丽没有说什么，第二天照旧按时送女儿去学钢琴，见了钢琴老师，刘丽丽说自己的女儿说钢琴太难，抱怨不想学了。钢琴老师说："昨天她弹错了，我教了她一遍，她又弹错了，可能是这件事情让她觉得学钢琴太难了。"

听了老师的话，刘丽丽意识到女儿之所以想要放弃学钢琴，是因为老师教的一些东西她没能学会。于是，回到家之后，刘丽丽给女儿买了她最爱吃的夏威夷果，每次吃夏威夷果，女儿都需要很用力地去剥壳，但她还是坚持自己去剥壳。

女儿看到夏威夷果之后，她和往常一样费力地剥壳。刘丽丽对女儿说道："吃这个坚果是不是很费力气？"

女儿回答："是，但是我最爱吃的还是夏威夷果。"

刘丽丽继续说道："对啊，不管你做什么事情都可能会遇到困难，就拿你学钢琴来说，遇到难学的或者是一两次学不会的情况属于正常现象。如果你遇到困难就放弃，那估计你连夏威夷果也吃不到嘴里。"

女儿听了妈妈的话，从那之后再也没有说要放弃学钢琴。

随着孩子的成长，当孩子到6岁之后，他们的好奇心会很强烈，因此对自己没有接触过的事情会十分好奇，而这个时候也是他们的耐力最差的时候，所以遇到困难会轻易放弃。此时，妈妈要帮助孩子学会坚持，让孩子避免做事情半途而废。

妈妈带娃妙招

我们发现很多妈妈在教育孩子的时候，会忽视对孩子耐力的锻炼。比如，带孩子去爬山，孩子爬了一会儿，便以累了为借口，想要放弃。有些妈妈会答应孩子，背孩子下山或者坐缆车。在生活中，很多孩子做事情半途而废往往是由于他们没有意识到半途而废会产生怎样的后果。那么，妈妈要如何帮助孩子避免做事情半途而废呢？

1.妈妈要把控好孩子做事情的难度和时间

妈妈在决定让孩子做某件事情之前，需要先站在孩子的角度去分析孩子的年龄是否适合做这样的事情，从这件事情的难度上分析，以孩子目前的认知是否适合孩子去做。千万不要站在自己的角度去想当然地认为孩子可以完成。另一方面，在要求孩子做某件事情上，要看看时间是否够孩子去完成，比如，要求孩子用半个小时完成作业，孩子的作业很多，半个小时根本无法完成。当妈妈让孩子做的事情远远超出孩子的能力范围，孩子做事情自然会半途而废。

2.事前要先与孩子进行沟通

很多妈妈在决定让孩子做一件事情之前，从来不与孩子沟通，妈妈认为自己做的决定是为了孩子好，没必要与孩子商量。其实不然，如果提前征求孩子的同意，那么孩子会更愿意去坚持完成。比如，妈妈要想让孩子学舞蹈，可以先问问孩子是否感兴趣，孩子是否愿意学，如果孩子愿意学，那么他自然不会轻言放弃。

3.关注孩子做事情的进度

在孩子做某件事情的过程中，妈妈可以不进行干预，但是一定要关注孩子做事情的步骤。避免孩子在做事情的过程中遇到不懂的或者不会的之后，继而选择放弃。当妈妈看到孩子凭借自己的能力无法解决某项问题时，可以给予孩子引导或帮助，从而避免孩子产生中途放弃的想法。

当孩子开始做某项事情之前，就要告诉孩子既然开始就必须尽力去完成，不想做完就不要轻易地决定开始。要先让孩子明白做事情不能半途而废，让孩子对做事情的过程有一个正确的了解。

妈妈带娃解读

做事情半途而废的一大原因是孩子根本没有意识到自己身上肩负的责任，当孩子进入小学阶段，他们必须意识到自己对某些事情是有责任的。比如，家长可以让孩子去养只宠物，让孩子每天喂食动物，让孩子去取快递等，通过这些小事情，能促使其意识到自己身上肩负的责任，这样有利于孩子增加克服困难的信心和勇气。

适当运用延迟奖励，培养孩子的耐心

在孩子的教育过程中，对孩子有奖有罚，这是正常现象。有些妈妈为了让孩子按照自己的意愿做事情，会急于给孩子奖励，这样做的目的是为了让孩子能够更有动力。那么，这种过早或提前奖励的方式对孩子到底好不好呢？要想知道答案，我们要先知道什么是延迟奖励，延迟奖励也就是"延迟满足效应"，又被称为"糖果效应"，即从长远利益出发，自愿延缓或者放弃眼前的、较小的满足，而我们所说的培养孩子的自控力、判断力等，都可以通过延迟满足来进行训练。

科学家曾经做过这样的实验研究：实验室请来了一些年龄在4岁左右的孩子，并在他们面前放两块糖，如果他们能坚持20分钟不吃，则20分钟后他们可以拥有两块糖；如果坚持不了，想当下就吃掉，则只能吃到一块糖。

这个实验对于孩子来讲是十分不易的，毕竟孩子既想要得到两块糖，又想要赶快吃到糖。最终的实验结果是这样的：三分之二的孩子愿意等20分钟之后，得到两块糖；剩下三分之一的孩子不想等待，最终得到了一块糖。到这里实验还没有结束，等到这群参加实验的孩子长到16岁，科学家惊奇地发现，那些愿意熬过20分钟得到两块糖的孩子，都具有较强的自控能力，自信心与责任心也很强。而那些不愿意等待20分钟的孩子，他们均表现出犹豫不决、不敢付出、任性、懦弱等性格缺陷。

可以看出，对孩子延迟奖励，有助于培养孩子的耐心和责任心，同时能够让孩子获得更多的自信。反之，妈妈无原则地提前奖励，对孩子耐心的养成是毫无益处的。

妈妈带娃实例

王倩倩正在学校门口等着儿子放学，站在自己身边的一位穿着朴素的妈妈也在等她的孩子放学。此时，只见一个长得胖乎乎的男孩跑出来，女人高兴地喊着男孩的名字。

"今天是不是出期中考试成绩了？"这位妈妈问儿子。

"是，妈妈我这次数学考了98分。"儿子笑着说道。

"进步不少啊，儿子。"女人兴奋地说道，"晚上你想吃什么，妈妈给你买？"

儿子回答道："我想吃薯条和汉堡，再来一杯可乐。"

"好，现在我们就去买。"说完，这位妈妈带着孩子去了快餐店。

王倩倩正看着母子二人离去的身影，这个时候自己的儿子也出来了，她没去问孩子的成绩，儿子自己说道："妈妈，我这次考了班里第二名。"

平时儿子的成绩只能进前十，从来没有考过第二名，王倩倩开心地说道：

"你进步得很快，妈妈真开心！"

儿子继续说道："妈妈，我考了第二名，是不是暑假就能去云南旅游了？"

王倩倩正要提醒孩子这不是期末考试，儿子又说道："哦，我忘了，您说的是期末考试考到班里前五名才带我去旅游，看来下半学期我还要更努力才是。"

听了儿子的话，王倩倩知道孩子已经将自己的话记在了心中，并朝着自己的要求在努力。

通过这个例子，我们看到王倩倩并没有像另一位妈妈那样，立刻满足孩子的要求，而是让孩子学会耐心等待，并为了目标付出努力。这样做有助于锻炼孩子做事情的耐心，对孩子的成长是十分有帮助的。

妈妈带娃妙招

妈妈在教育孩子的过程中，不仅需要让孩子自觉去遵守之前的约定，还要让孩子对自己的决定负责，同时，再培养孩子的自信心和决心。那么，在日常生活中，妈妈利用延迟奖励的方法培养孩子的耐心，究竟该如何来操作呢？

1.从易入手

在妈妈利用延迟奖励孩子的方法来锻炼孩子耐心时，不妨从简单的事情入手。我们知道生活习惯的培养是需要时间的，而对于延迟奖励这种方法来讲，就如同习惯一样，是需要花费时间来一步步完成的。妈妈可以从简单的事情入手，这样做能够增强孩子的信心。

2.延迟时间不能太长

对于延迟奖励来讲，延迟时间的长短也是有讲究的，并不是说延迟的时间越长越好。相反，要在恰当的延迟时间内满足孩子的需求。毕竟孩子的自控能力还没那么强，所以延迟的时间不能超出孩子的自控时间。

3.让孩子有独立的空间去面对问题

妈妈要锻炼孩子的耐心，就要让孩子学会独立面对问题，让孩子自己想办法解决问题，这样有助于培养孩子的自律性。当然在孩子独立面对问题期间，妈妈也不要给予孩子太多"帮助"，否则会影响孩子的正常发挥。

在运用延迟奖励的过程中，妈妈要注意，延迟的时间不能太久，同样，延迟奖励并不是不奖励孩子。妈妈千万不要在延迟的时候，忘记奖励孩子，这样会失信于孩子，对以后的教育是没有益处的。

妈妈带娃解读

延迟奖励的教育方法，对孩子的影响是显著的。既可以测出孩子自控力强弱，还能够帮助妈妈纠正孩子的一些坏习惯。当然，每个孩子的性格也是存在差异的，这就导致延迟奖励的时间会有所不同。需要我们注意的是，妈妈可以运用延迟奖励的方式来培养孩子做事情的耐心和信心，同样也要顾及孩子的心理和需求。

自"作"自"受"，让孩子适当承担后果

对于很多妈妈来讲，每天要做的事情就是帮助孩子避免犯错，她们害怕因为孩子犯错，而让孩子承受痛苦的结果。然而，我们会发现越是不想让孩子犯错，孩子越容易犯错。那么，如何才能让孩子少犯错呢？其实很简单，让孩子适当地承受错误所带来的后果。

有些妈妈抱怨自己的孩子"不听话""调皮""顽劣不堪"，于是，妈妈变成了"复读机"，每天重复着相同的话语，苦口婆心地劝告孩子"要听话、不要太调皮"。但是孩子始终不听，甚至不将妈妈的话放在心里。其实，要让孩子真正听话，就要让孩子体验做错事的后果，这样他们才能发自内心地意识到自己做错了。

让孩子承担事情的后果，妈妈可能会担心孩子受到伤害。其实，"吃一堑长一智"并不无道理，让孩子吃一次亏，他们才能知道妈妈的话是有道理的，他们才能从内心深处感受到来自妈妈的爱。

妈妈带娃实例

我的同事郝艳红有一个10岁大的儿子，每天早上起床都是磨磨蹭蹭的，每次上学都需要郝艳红三番五次地催促。她越是害怕儿子迟到，儿子越是磨蹭。

郝艳红总是因为孩子的事情跟我们抱怨，我建议让孩子体验一下迟到的后果。这天，郝艳红买了一个闹钟，并交给了儿子，她告诉儿子，以后闹钟一响，他就必须起床。同时，郝艳红也明确地告诉儿子，自己以后不会再叫他起床了。

第二天早上，七点的闹钟响了，儿子睁开眼睛，摸索着寻找闹钟，然后关掉了闹铃继续睡着了。而郝艳红没有像往常一样着急喊醒儿子，而是坐在沙发上看书。过了一个小时，闹钟再次响起，儿子睁开眼睛，看了一眼闹钟，猛地一下反应过来自己要迟到了，因为学校要求八点半之前必须进入班级，老师要开始讲课了。

儿子从床上跳下来，利索地穿上衣服，然后跑到客厅，看到郝艳红坐在沙发上看书，儿子喊道："妈，我要迟到了，你怎么不叫醒我？"

郝艳红不急不忙地说道："我昨天已经告诉你了，闹钟会叫醒你，你自己不起床，我也没办法啊！"

儿子出家门的时候已经八点十五分，十五分钟内赶到学校是不可能的事情，所以今天儿子注定是要迟到了。儿子在去学校的路上，着急地哭着说道："我迟到了会被老师批评的，多丢人啊，我不想被批评。"

不出所料，儿子被老师批评了。从那之后，早上只要闹铃一响，儿子就会赶快起床，生怕自己会迟到。

还有一次，郝艳红希望让儿子参加暑假的游泳兴趣班，但是他不想去学习游

泳，而是想要学轮滑。在这件事情上，郝艳红让他自己做决定，但是唯一的要求就是无论他选择学什么，都要坚持学到最后，不能想着放弃。最后，儿子选择了心爱的轮滑培训课。到了冬天，天气多寒冷，他都会去广场上练习轮滑。

通过这个例子我们可以看到，让孩子适当地承担事情的后果之后，他们会意识到自己的问题所在，从而更有利于孩子主动改正自己的错误行为。妈妈要培养孩子的责任心，首先就要让孩子学会对自己的行为负责。

妈妈带娃妙招

在教育孩子的过程中，妈妈不希望孩子犯错，甚至会想尽办法阻止孩子犯错。其实，在任何一个人的成长过程中，都不可避免地会犯错。这个时候妈妈要教会孩子的不是不去犯错，而是对自己犯错的后果负责。

那么，在生活中，妈妈要如何让孩子对自己的行为负责呢？

1.让孩子为自己的错误负责

很多时候，孩子明知道自己的行为是错误的，但还是会去做，这个时候要让孩子知道，坚持错误的结果是很糟糕的体验。比如，孩子明明知道放学之后玩游戏、不做作业是不对的，那么他就要承担做不完作业被老师批评的后果。

2.让孩子为自己的选择负责

在很多时候，妈妈习惯性地替孩子做选择，而妈妈的选择并不是孩子所希望的，这个时候孩子会拒绝。为了避免这种现象的发生，妈妈可以让孩子尝试着自己做选择，并告诉孩子，做出选择后就要坚持到底，并为自己的选择负责。比如，孩子看到别的孩子学了少儿编程，他也想要学，这个时候妈妈可以让孩子自己选择学与不学，不管做出怎样的选择，妈妈都不要急着替孩子分担后果。

3.孩子自己的事情必须自己负责

孩子对自己的事情要负责，这就要求妈妈要学会放手，不要事事都替孩子去做。当孩子明白自己的衣服要自己洗、自己的碗筷要自己收拾的时候，他们会意识到自己也是家庭中的一名成员，他们也有责任让家变得更好。

有些事情既然是孩子去做的，那么孩子就有承担后果的义务。当然，在孩子处理问题的过程中，妈妈要时刻陪伴并提醒孩子，避免孩子遭受身体上的伤害。

妈妈带娃解读

妈妈让孩子承担后果的时候，一定要注意是"适当"承担，也就是说有的时候结果很严重，并不是孩子自己能够承担的。这个时候孩子的内心会十分无助，他们期盼可以得到妈妈的帮助，而此时妈妈就需要伸出援助之手了，及时给予孩子一定的引导和帮助，避免孩子产生无助、自卑的心理。

让孩子用属于他们的方式解决问题

可以说天下没有一个妈妈不希望自己的孩子变得更好，于是，妈妈开始想尽办法避免孩子发生问题，她们认为孩子遇到的问题越少，他们才会越幸福、越成功。因而，很多妈妈不理解孩子为什么愿意用自己的方式去解决遇到的问题，对孩子来讲，只有自己解决问题才会让他们觉得开心和满足。

对于孩子来讲，他们渴望通过自己的努力去解决问题，也希望通过自己的方式来处理一些问题，妈妈的"帮助"似乎就是多余的。比如，孩子想要学习骑自行车，妈妈可能会认为这是一项危险的运动，在孩子骑的过程中，她们会在后面扶着自行车，生怕自行车倒了，而孩子却希望自己练习，即便摔倒，也要凭着自己的努力学会。

当一个孩子善于通过自己的方式来解决问题时，他的大脑思维是十分活跃的，同时，他也能表现出足够的自信。如果妈妈帮孩子解决了他们遇到的所有问题，那么孩子是无法感受到成就感的，久而久之，孩子会放弃主动思考问题，选择依赖大人的思维和力量。

妈妈带娃实例

刘悦悦的女儿上了四年级，这天放学回家，女儿直接钻进了自己的房间。按照往常，女儿肯定会先玩一会儿游戏，再进屋写作业的。

吃饭的时候，刘悦悦发现女儿好像有心事，总是一副心不在焉的样子。刘悦悦问女儿发生了什么事情，女儿开始诉说自己的委屈："我和小梅是好朋友，每天我们都在一起玩，今天我只是不小心将她的手链弄坏了，她就生气了，一天都没理我。"

刘悦悦才知道原来女儿在社交上出了问题，她问女儿是否向小梅道歉了，女儿委屈地说道："我道歉了，并且我还说会赔她一条新的手链。"

刘悦悦说："既然是你不小心弄断了她的手链，那么这件事情你应该更主动一些。明天你可以想办法再弥补一下。"

刘悦悦认为孩子之间发生了问题，应该让孩子自己去解决，毕竟孩子已经上了四年级，这件事情没必要家长出面解决。

第二天女儿放学回家，可以看出她没有了昨天的那份委屈和不悦。

"妈妈，您知道哪儿有修手链的吗？"女儿边问边拿出了一条断了的银手链。

"我们家附近商场的珠宝店就可以修。"刘悦悦说道。

女儿问道："妈妈，吃完饭您能陪我去修这条手链吗？原来这条手链是小梅妈妈送给她的生日礼物，小梅生气是怕她妈妈看到手链坏了责备她。"

"当然可以，我相信这条手链是可以修好的。"刘悦悦笑着说。

饭后，刘悦悦陪女儿去了珠宝店，庆幸的是这条手链被修好了。次日，女儿将手链拿给了她的好朋友小梅，最终，她们两个人和好了。

通过这件事情可以看出刘悦悦并没有干预女儿处理自己的事情，她试着让女儿去解决自己遇到的问题，当然最终的结果也是她希望看到的。在生活中，我们总是希望能帮助孩子做任何事情，但是却忽略了孩子也有自己的思想，他们也有自己处理问题的方法。

妈妈带娃妙招

随着孩子长大，他们认识事物的能力也在不断完善，在处理问题的时候，孩子有自己的思想，因此，妈妈不妨给孩子独立的空间，让孩子用自己的方式去解决问题，从而让孩子意识到自己的事情必须自己负责。

那么，孩子用自己的方法处理事情的过程中，妈妈要如何去做呢？

1.对待简单的事情，妈妈不要干预孩子做事情的顺序

有些事情在大人看起来是十分简单的，但是对孩子来讲，他们可能不会按照大人的做事顺序去完成。因此，在这个时候，妈妈不要期望孩子按照自己的做事顺序去完成，给孩子自由发挥的空间，让孩子按照自己的做事顺序完成这件事情。

2.对于复杂的事情，妈妈可以适当给予引导

对于孩子解决不了的问题，或者在孩子没有解决问题思路的时候，妈妈可以给予一定的思想引导，或者仅是帮助孩子去分析问题，但这并不代表妈妈要替孩子去做事情。当然，孩子也有权利不按照妈妈的引导去做，这个时候妈妈要学会尊重孩子的选择。

3.妈妈不要提前告知孩子结果

作为大人，妈妈经历的事情要比孩子多，当孩子用自己的方法去解决问题时，也可能会出现错误，妈妈在发现孩子可能会出错之后，不要急于提前"剧透"结果，而是要让孩子自己去发现错误。这样做不但能够让孩子感受到你的尊重，还能意识到自己的错误，更能避免类似的错误再次发生。

随着孩子的成长，孩子解决事情的能力也在不断增强。因此，对于孩子可以自己解决的事情，妈妈没有必要插手，妈妈要抛弃自己的"控制欲"，不要强迫孩子按照自己的做事风格去做事情，更不要认为按照孩子的思路就做不成事情。相信孩子的能力，妈妈会发现孩子做得会更好。

妈妈带娃解读

孩子用自己的方式解决问题，这意味着孩子在经过思考之后，会根据自己对事物的认知以及经验来处理问题。无论孩子运用的方式在妈妈眼里是多么的幼稚或简单，妈妈都不要急于否定孩子、打断孩子。要知道，很多时候孩子解决问题的结果不重要，其解决问题过程中的思考和行为才是最有价值的。

第四章

财商需教育，
你不是孩子的「取款机」

妈妈必须了解无论孩子岁数大小，他们始终是要自己面对社会的，而在社会生活中最离不开的恐怕就是钱了。所以，对孩子进行财商教育，培养孩子对金钱认知、理财认知的能力是十分必要的。当然，对孩子进行财商的培养，能让孩子懂得如何花钱。

孩子乱花钱，不妨让他先"挣钱"

　　随着社会经济条件越来越好，孩子已经成为整个家庭的掌中宝，妈妈对孩子的要求经常是有求必应，从来不舍得拒绝孩子。孩子想要什么，妈妈总是迫不及待地给孩子准备什么，这样一来，孩子便很容易养成花钱大手大脚、不懂节约的习惯。孩子从来不去考虑钱是如何挣来的，也不去想父母赚钱多么的不易。为了让孩子不乱花钱，妈妈究竟要如何做呢？

　　要想让孩子不乱花钱，控制自己花钱的欲望，不妨让孩子先学会挣钱。有的妈妈可能会认为，现在让孩子学着挣钱，是否为时过早了？其实，在孩子成长的过程中，让孩子学会赚钱非常重要。第一，能够让孩子了解到父母赚钱的辛苦，让孩子从内心深处知道珍惜钱；第二，当孩子学着自己去赚钱时，他们会更愿意付出脑力进行思考，也能锻炼孩子的沟通交际能力；第三，在孩子内心播种"有劳有得"的种子，让孩子明白只有经过劳动，才能够有所收获。

妈妈带娃实例

暑假来了，张晓敏的儿子天天在家玩游戏。一天，儿子对张晓敏说："妈妈，给我点儿钱，我要买装备。"

张晓敏知道，儿子要钱是为了买网络游戏中的虚拟装备，这已经不是第一次了。张晓敏对儿子说道："你可以用自己的零花钱。"

"我的零花钱早已经用完了。"儿子边玩边说。

张晓敏每个月都会给儿子100元零花钱，她没想到儿子已经将这些钱全部花完了。张晓敏觉得孩子玩游戏也是一种放松的方式，再加上儿子的学习成绩也不错，所以她没有过多的干涉，但是现在看来，她觉得是时候让孩子懂得钱的重要性了。

"妈妈已经一个月没工作了，家里除了吃喝和日常开销，已经拿不出来给你玩游戏的钱了，你要想花钱买游戏装备，不妨自己想办法去挣钱吧。"

儿子不耐烦地看着妈妈，问道："我干什么能挣钱？"

妈妈看着家门口菜园子里的菜，然后对儿子说道："咱们家能卖的也就菜园子里的菜了，这样吧，你把菜园子里的茄子、西红柿、黄瓜拿出去卖，你卖多少钱是你的事，挣的钱妈妈一分也不要。"

听了妈妈的建议，儿子觉得很不错，心想，赚了钱就可以玩游戏了。就这样，儿子去菜园摘光了所有的菜，他不会骑电动车，只好骑自行车，将菜用两个菜篓装好，之后便去各个街道叫卖。

天气炎热，没过半个小时，儿子满身都是汗。开始的时候，儿子不知道卖菜要喊，半天过去了，几乎没人买他的菜。后来遇到一个卖豆腐的爷爷，爷爷告诉他要叫卖，不然没人知道他在卖什么。儿子学会了叫卖，听到有人卖菜，一位老

奶奶走过来看了看他的西红柿，问多少钱一斤，但是他不知道一斤西红柿要卖多少钱，随便说道："三元钱一斤。"老奶奶抱怨太贵了，菜店才两元钱一斤。儿子知道了西红柿的价格，为了能尽快卖出去，他将西红柿定价为一元五角一斤。就这样，一天过去了，他卖了一半的菜，还剩下一半没有卖出去，手里只有赚来的十八元钱。

晚上回到家，张晓敏叫他吃饭，儿子又累又饿，看到桌子上的馒头和稀饭，儿子生气地质问张晓敏："我累了一天了，怎么没有菜和肉？"

张晓敏边喝粥边说道："你把菜园的菜都摘了，所以没有菜吃了。家里没有肉，买肉需要钱，我已经告诉你了，家里的钱不多了，不能天天买肉吃。"

儿子只好啃起了馒头，这个时候儿子似乎意识到自己的错误，便对妈妈说："妈妈，对不起，我知道错了，以后我不再乱花钱了。"

通过这个例子，我们可以看到张晓敏让儿子去卖菜，是为了让他知道钱来之不易，从另一方面来讲，她是为了让儿子明白乱花钱是需要付出代价的。在现实生活中，每个妈妈都希望自己的孩子会赚钱，而不是只懂得如何花钱，这不仅是为了孩子能形成良好的金钱观，更是为孩子的以后考虑。

妈妈带娃妙招

在生活中，妈妈给孩子创造丰富的物质生活，不如培养孩子的财商；给孩子足够的金钱，不如教会孩子如何赚钱。那么，妈妈该如何教孩子挣钱呢？

1.诚实地和孩子讨论钱

在生活中，孩子有时会问妈妈家里是否有钱，这个时候妈妈该如何回答呢？有的妈妈会对孩子进行苦情教育，告诉孩子家里"很穷"，而有些妈妈却选择不正面回答孩子的问题。其实，面对孩子的提问，妈妈只需要诚实地回答孩子，并让孩子知道他们的消费底线和家里的支出底线就可以了。在孩子了解家庭经济状况之后，如果他们打算去挣钱，那么妈妈要告诉他们家庭可以提供给孩子怎样的支持和保障。

2.让孩子学会"照顾"自己的钱

很多妈妈会给孩子一些零花钱，孩子自然是想买什么就买什么。于是，孩子会在上半个月随意乱买，下半个月无钱可花。妈妈不妨帮助孩子学会平衡开支，帮孩子养成记账的习惯，让孩子将每笔钱是如何花的、如何挣的都记清楚。这样做方便孩子有金钱的概念，同时，方便孩子管理自己的金钱。

3.鼓励孩子进行投资

如果孩子乱花钱，妈妈不妨告诉孩子，让孩子学会简单的投资，也就是让孩子学着将一块钱变成两块钱，这样做的目的是为了让孩子能够暂时停止不合理的消费欲望。当孩子真的挣钱了，他们自然明白其中的辛苦，也会主动改掉自己乱花钱的习惯。

妈妈带娃解读

让孩子挣钱，妈妈注重的是孩子在挣钱过程中都做了什么，要知道让孩子挣钱不是目的，目的是通过挣钱的过程让孩子明白钱来之不易，不可随意挥霍。通过赚钱的经历，孩子能够控制自己的欲望，懂得节俭的意义。

适当节制：零用钱给得恰到好处

孩子进入小学之后，难免会需要购买一些学习用具和课外读物，学校附近可能会有一些商店、超市等，孩子有时候难免希望买一些零食，这个时候妈妈可以适当地给孩子一些零用钱。

有的妈妈给孩子零用钱是很随意的，想给10元钱就给10元钱，想给100元钱就给100元钱，似乎给孩子零花钱时，妈妈从来不会过多地思考，也不去计算多长时间给孩子一次零花钱，更不去帮孩子规划如何使用这些零花钱。这样做的结果就是孩子不加节制地去花钱，甚至孩子还会隔三差五地向妈妈要钱，要钱的理由也是五花八门，今天铅笔要买，明天文具盒坏了。妈妈面对孩子的"要钱"，也没有理由拒绝，只能是孩子要多少给多少。久而久之，孩子认为只要自己要钱，妈妈就会满足自己，所以他们无论买什么东西都不会去思考自己该不该买，花钱的时候自然就不懂得节制。

作为妈妈，要知道给孩子零花钱的目的是什么，因此，零花钱不是随便给的，要让孩子知道零花钱不是要多少给多少，也不是只要孩子需要，妈妈就会满足。这种被动的方式，让孩子学会计划性消费，让孩子明白自己的零花钱是在需要的时候才能花的。

妈妈带娃实例

王小米的女儿已经上小学了，她给女儿制订的计划是每周会给她50元作为零花钱，而这些钱只能花在买学习用具、课外书等方面。但是每次女儿都抱怨自己的零花钱太少，根本不够花。

王小米觉得很奇怪，毕竟一周7天，饭不用买，上学坐车不花钱，女儿到底都将钱买了什么呢？王小米问女儿，女儿只是敷衍地说买了吃的，王小米也没当回事。

这天王小米正在上班，突然手机响了，是女儿的班主任打来的电话，老师让王小米赶快去学校一趟，老师说她的女儿生病了肚子疼。

王小米赶快开车到了学校，女儿已经在学校医务室里了。这个时候王小米才知道，原来女儿每天都会买好几根冰棍儿吃，有时她还会请班里其他同学吃冰棍儿。这两天可能是因为冰棍儿吃多了，所以肚子疼。

王小米这才知道女儿零花钱不够花的原因。于是，王小米决定改变给女儿零花钱的方式，她每天只给女儿5元的零花钱，并告诉女儿如果不够花，也没办法。她希望通过这种方法来改掉女儿乱花钱的习惯。

我们会遇到孩子零花钱不够花的情况，此时，我们一定要坚定自己的立场，除非是孩子遇到了特殊的事情，否则不能轻易改变。有的孩子会向妈妈抱怨，说

自己的零花钱没有班里其他孩子的多，这个时候妈妈也没有必要急于给孩子增加零花钱的额度，而是要根据实际需要来衡量是否应该给孩子增加零花钱。

妈妈带娃妙招

在现实生活中，孩子上了小学，一点儿零花钱都不给孩子，似乎是不可能的。因为孩子总是需要买各种学习用品或课外书的，这个时候妈妈必须给孩子一些零花钱，那么要给孩子多少零花钱，什么时候给孩子零花钱比较合适呢？

1.定时定量

如果妈妈不知道要给孩子多少零花钱，那么不妨运用定时定量的方法，比如，一个星期给孩子10元，每个周日给一次。这种定时定量的方法，能让孩子很确定地知道自己有多少零花钱可以支配，这有助于孩子制订合理的花钱计划。

2.特殊事情特殊对待

妈妈平时给孩子10元的零花钱，可是在这期间，孩子突然需要买某个学习用品，而这个学习用具的价格是15元。这个时候妈妈不要强行剥夺孩子仅有的10元钱，妈妈可以再给孩子10元，买完学习用具，孩子手里还有5元零花钱可以支配。

3.孩子的零花钱不是补偿款

对于一些比较调皮的孩子来讲，他们可能会因为调皮闯祸，比如，损坏别人的物品，这个时候妈妈不要急于用钱替孩子承担后果。对于一些妈妈来讲，只要孩子出现不愿意写作业、不想上兴趣班等情况，她们可能会赶紧给孩子零花钱作为"鼓励"，从而达到让孩子上课的目的。这种给零花钱的方式对孩子的教育是十分不利的，孩子会认为只要自己表现得不好，妈妈就会给自己零花钱，孩子会故意用这种方法来获得更多的零花钱。

妈妈带娃解读

　　让孩子学会适当节制，从心理层面来讲，是让孩子学会控制自己不该有的欲望，学会自我管理。从生活层面来讲，是为了让孩子拥有一个合理的消费计划，让他们能够正确地支配自己拥有的零花钱。在孩子规划自己的零花钱如何使用方面，妈妈可以给予提醒，但不要过多干涉孩子的决定，毕竟零花钱给到孩子，孩子便有了所有权和使用权。

妈妈有绝招，孩子爱存钱

提到让孩子存钱，很多妈妈觉得这是不可能实现的。因为大部分孩子拿到零花钱之后，脑子里想的是这笔零花钱要如何花，多半孩子的零花钱是不够花的，更不要说存钱了。其实，父母根本不指望孩子能存多少钱，只不过是希望从小培养孩子的储蓄观念。

在生活中，我们经常会听到孩子的抱怨："妈妈，您给我这点儿零花钱，我怎么可能存下钱？"这个时候，许多妈妈真的会从自己身上找原因，心想是不是自己给孩子的零用钱太少了，同时，也会将孩子存不下钱的原因归结是自己给的零花钱太少了。

有些妈妈会想，自己给孩子零花钱就是为了让孩子花的，如果为了让孩子存钱，那直接自己存起来不就行了。其实，我们让孩子去存钱，是为了培养孩子的储蓄意识，而从另一方面来考虑，是在培养孩子的危机意识。让孩子知道可能某一天会遇到需要用钱的时候，这个时候不用求助于他人，自己便可以用自己的储蓄去解决问题。因此，妈妈最好帮助孩子养成储蓄的习惯。

妈妈带娃实例

"妈妈，我想买个奥特曼。"在超市里，我听到身边的男孩对自己母亲央求道。

那位母亲不耐烦地说道："家里有多少个奥特曼了，你怎么还要买？"妈妈拒绝的理由显然是孩子所不能接受的。于是，孩子生气地说道："家里就两个，再说那两个已经旧了，我就想买这个新的。"说完孩子强行从货架上拿下一个大的奥特曼玩具。

"放回去，听到没？"妈妈开始冲孩子咆哮。

最终，那位妈妈强行将孩子手里的奥特曼放回了货架上，母子二人十分不悦地离开了超市。

在超市或商场我们经常会看到类似这样的情景，孩子想买某样东西，而妈妈不允许买。当然，上面事例中这位母亲的做法是十分常见的。而下面这位妈妈的做法更值得我们学习：

敏敏带着女儿去朋友家做客，朋友给女儿拿出一套拼图让她玩。女儿十分喜欢，便对敏敏说道："妈妈，您也给我买一套拼图吧，我也想要冰雪王国的拼图。"

敏敏没有表现出不耐烦，说道："我记得给你买过拼图，如果你还想要拼图的话，你可以自己攒钱买，我相信你的零花钱肯定够买一套冰雪王国拼图的。"

"好，那我每个星期存5元，相信一个多月之后，我就能买到拼图了。"敏敏的女儿笑着说道。

原来敏敏每次去银行存钱都会有意识地带上女儿，她希望通过存钱的过程，让女儿建立存钱的概念。当需要花钱的时候，敏敏也会带着女儿去银行取钱，她有意识地让女儿了解到存钱可以帮助我们解决困难。

妈妈带娃妙招

对孩子来讲，他们对存钱或许没有概念，也意识不到存钱的用途和意义。对于妈妈来讲，应该帮助孩子建立存钱的意识，并让孩子体会到存钱带来的好处，这样能够让孩子的财商更高。当然，存钱并不是一件容易的事情，对于大人尚且如此，对于孩子来讲更为不易。所以，妈妈应该想尽办法帮助孩子建立储蓄的意识，让孩子爱上存钱。

1.给孩子建立独立的存钱工具

大人可能会通过银行卡或网上银行存钱，而对于孩子来讲，这两种方式实现起来似乎都有些困难。这个时候，妈妈不妨给孩子买一个大小合适的存钱罐，让孩子将钱直接放到存钱罐中，等到孩子存的钱到达一定金额时，可以带孩子去银行，为孩子开通银行卡。这种方式是为了方便孩子存钱，让孩子对存钱有意识。

2.鼓励孩子用存钱的方法解决问题

在生活中，孩子可能会有一些自己想要买的玩具、礼物等，这个时候妈妈要鼓励孩子通过储蓄的方式去实现自己的愿望。比如，同学快要过生日了，孩子想要送对方一个礼物，这个时候，妈妈可以建议孩子先存钱，用自己存的钱购买礼物，这个礼物的意义就更特别了。

3.妈妈带孩子体验存、取款

如果妈妈是一个"月光族"，那么想要让孩子学会存钱，可能是一件比较困难的事情。因此，我们必须以身作则，自己先学会存钱。妈妈可以有意地带孩子一起去银行存钱，让孩子感受到存钱的乐趣，也可以带孩子去银行取钱，让孩子知道存钱的好处。通过孩子的亲身体验，他们会对储蓄有一定的概念的。

妈妈带娃解读

教孩子储蓄，也是教孩子如何理财。对于孩子来讲，他们对储蓄不会自动产生意识，同时他们也不明白储蓄有什么作用和价值。此时，妈妈可以有意识地去教导孩子，告诉孩子存钱可以零存整取，遇到问题或困难时，自己就可以帮自己渡过难关，从而使孩子知道存钱的意义所在。

孩子的压岁钱，妈妈别随意占用

春节是孩子们都期盼的节日，其中最重要的一个原因是能得到来自长辈的压岁钱。少则几百，多则上万，都是有可能的。想必很多妈妈都会对孩子说："你的压岁钱妈妈先帮你保管，等你需要的时候再跟妈妈要。"孩子便会将原本属于自己的压岁钱，不情愿地交给妈妈保管，妈妈这样做也并非想要占有这些钱，而是害怕孩子乱花钱，或者是将钱弄丢，而孩子之所以给妈妈是因为妈妈说了"需要的时候再跟妈妈要"。可是，真的到了孩子需要花钱的时候，又有几个妈妈会给孩子呢？

网上曾经做过一个关于"你是否愿意将压岁钱交给父母保管"的调查，调查对象主要是7—14岁的孩子，调查结果显示：67%的孩子不愿意将钱交给父母保管，33%的孩子愿意将钱交给父母保管。通过这个调查结果可以看出，大部分的孩子希望可以自己支配压岁钱，不希望父母参与支配。这样一来妈妈会很担心，大笔压岁钱交给孩子，孩子乱花钱怎么办？要是一点儿不给孩子，孩子也会不开心的，面对这个两难问题，很多妈妈十分苦恼。

从培养孩子财商的角度来看，对于压岁钱，如果孩子有合理的计划，那么妈妈可以交给孩子保管。如果孩子希望妈妈帮自己保管，这个时候妈妈可以替孩子保管，但是妈妈不能随意支配孩子的压岁钱，妈妈只是起到保管作用，但这部分钱还是归孩子所有。

妈妈带娃实例

我的侄女已经10岁了，过年的时候她一共收到了2000元的压岁钱，但是她妈妈不希望她自己保管，便对她说："妈妈帮你保管，免得你弄丢了，你用的时候可以找妈妈要。"侄女很放心地交给了妈妈。

寒假结束，侄女开学了，她看到同学都背着新款的书包，便也想要换一个新书包。这个时候她要求妈妈给自己买一个新书包，她的妈妈拒绝了，理由是现在的这个书包还能用。侄女说："那您把我的压岁钱给我，我自己去买。"

她的妈妈说道："你的压岁钱？你的压岁钱我早已给你交了舞蹈培训费了，你哪里还有压岁钱。"

听了妈妈的话，侄女着急地大哭起来："说好的，您替我保管，您怎么给花了？"

"我给你报舞蹈班也是为了你好啊，这钱也是花你的身上了，我也没花自己身上。"她的妈妈说道。

侄女伤心地说："以后我的压岁钱再也不让您帮我保管了。"

想必很多妈妈都这样做过，本来答应替孩子保管压岁钱，但是会因为一些事

情将孩子的压岁钱花掉，并且还觉得自己花得很合理。其实，对于孩子来讲，他们认为所谓的压岁钱，是属于他们自己的，不仅如此，这些钱也必须是由他们使用的。妈妈占用孩子的压岁钱，不但让孩子觉得大人不讲信用，而且对孩子的财商培养百害无一利。

妈妈带娃妙招

很多妈妈会认为孩子的压岁钱是用自己的钱换来的，的确如此，压岁钱多是父母通过礼尚往来为孩子"争取"到的。因此，有些妈妈觉得自己支配孩子的压岁钱理所当然。但我们要知道，这样做对孩子的财商培养十分不利，这么做容易让孩子分不清钱的归属权。

那么，妈妈要如何管理孩子的压岁钱呢？

1.让孩子自己做理财计划

如果孩子的压岁钱数额较大，那么妈妈可以让孩子做一个计划，比如，拿出100元用于购买学习用品，200元给同学买生日礼物，300元用来买课外书，剩下的钱可以存到银行。当孩子有了明确的计划之后，妈妈便不用再担心孩子会乱花钱，或者是弄丢了。

2.给孩子提供理财建议

在生活中，聪明的妈妈会为孩子推荐合理的理财方式，建议孩子做一些小金额的理财。这样做能够从小培养孩子的财商，帮助孩子学会理财。比如，当妈妈发现某个理财基金不错的时候，可以和孩子讨论，建议孩子投资理财基金等。

3.让孩子用压岁钱体验生活

在寒暑假，有些妈妈担心孩子在家天天玩电脑、看手机会影响视力。这个时候，妈妈不妨建议孩子用压岁钱去做点儿"小生意"。比如，让孩子买100元的玩具等，去夜市摆摊售卖。这样做能够让孩子体会到赚钱的不易，也能够锻炼孩子的经商头脑，开发孩子的财商。

妈妈带娃解读

压岁钱的所有权到底归谁？很多妈妈认为压岁钱应该归大人，其实压岁钱是应该属于孩子的。因此，当妈妈要想支配这笔钱的时候，一定要征得孩子的同意，不能强行将这笔钱划归自己或划归家庭所有。

教孩子理财，孩子才懂钱的意义

教会孩子理财十分重要。经过研究发现，在孩子5岁之后，就应该让孩子学着"善用金钱"，当孩子上了小学，孩子就要学着如何管理金钱。

让孩子学会理财，不是为了单纯地教会孩子如何做到勤俭节约，更重要的是为了让孩子了解现代的理财观，从而有助于孩子更好地理解金钱的价值与意义。

有的妈妈会认为现在孩子学习理财是没有必要的，觉得孩子只有花钱的能力，根本没有赚钱的能力。其实，对于孩子来讲，他们需要了解的不仅仅是花钱或赚钱，更重要的是钱究竟能做什么、多少钱能做什么事、钱是如何获得的，等等。妈妈不应该将孩子看作是花钱的"工具"，而是应该教会孩子什么是理财，让孩子明白钱对生活究竟有何影响。

在一些发达国家，孩子从小就会接触理财知识，学校会请老师专门给孩子介绍理财的重要性，甚至还会要求孩子在日常生活中进行理财。要知道，孩子的金钱观对他们以后会有很大的影响，甚至会影响孩子的一生。

李欣然讲述了自己的一个教育孩子理财的故事：

李欣然有一个女儿和一个儿子，女儿小名叫朵朵，儿子小名叫卡尔，两个孩子一个12岁，一个9岁。每次出门，李欣然发现朵朵都要用自己的零花钱买玩具娃娃，虽然家里已经有各种娃娃了，但是见到不同的，女儿还是会买。儿子则喜欢汽车模型，虽然有些模型很贵，但是卡尔会攒上几个月的零花钱，只为买一个汽车模型。正是这个原因，两个孩子的零花钱从来没有够花过，甚至他们还会找奶奶爷爷要零花钱。

看着一天天长大的两个孩子，李欣然决定要让孩子树立理财意识。她将女儿和儿子叫到书房，对他们说以后零花钱不再直接给他们现金，而是直接打到他们的银行卡上，两个孩子欣然接受了。于是，李欣然给两个孩子一个人办了一张银行卡。每个月在固定时间，李欣然会将钱打到两个孩子的银行卡上。

女儿拿到银行卡很开心，她迫不及待地跑到楼下的超市买了自己梦寐以求的玩具娃娃，她看到银行卡上的钱一下子少了一半。儿子卡尔也开心地走到玩具店，买了一个家里没有的汽车模型，这个模型花掉了他当月所有的零花钱。

就这样过了三个月的时间，李欣然发现女儿再也没有买过娃娃，儿子也已经两个月没有买过任何汽车模型了。转眼，半年过去了，李欣然问女儿银行卡里有多少钱，女儿开心地说，这半年她的零花钱已经存了1000元，女儿说自己舍不得花卡里的钱。此时，儿子也兴奋地说自己还有800元零花钱。

李欣然问女儿和儿子为什么能剩下钱，女儿说道："我感觉以前您给的钱是属于您的，现在打到自己的卡里，觉得花的就是我自己的钱，看着数字慢慢减

少，十分舍不得。"

儿子说道："我可不想让自己卡里的钱变成零，那样我再看到喜欢的玩具，就没办法买了。"

李欣然听了之后很高兴，并且对两个孩子说道："妈妈的钱一部分存在了银行，这样会有利息，如果你们暂时不用这笔钱的话，也可以在银行存定期，虽然利息不多，但是一年下来，也是够你们吃几根冰棍儿的。"

听了李欣然的话，两个孩子开心地要求妈妈教他们将钱存成定期。

通过这种方法，李欣然让两个孩子学会了攒钱，改掉了孩子乱花钱的毛病。不仅如此，孩子也意识到了金钱的用途。

妈妈带娃妙招

让孩子学会理财，并不是直接对孩子讲解理财知识，而是要让孩子在生活中参与到理财过程中。妈妈可以多让孩子做一些与金钱有关的事情，这样能够让孩子有意识地去了解理财，从而知道理财的意义。那么，妈妈要如何培养孩子的理财意识呢？

1.教孩子认识人民币和银行卡

妈妈想要让孩子学会理财，自然要让孩子先认识"钱"，让孩子正确分辨钱上的符号和图案，同时让孩子认识银行卡，毕竟现如今办很多事情还是要依赖银行卡的。妈妈要让孩子知道银行卡的作用是什么，从而让孩子对金钱和银行卡的基本功能有一些简单的认知。

2.让孩子参与到家庭消费过程中

消费是理财的一种形式，因此，妈妈在生活中，可以让孩子参与到消费过程中，这样能够让孩子加深对钱的功能的理解。比如，妈妈要去菜市场买菜，这个时候完全可以邀请孩子一起去，让孩子了解一元钱能够买到什么东西，十元钱又能够买到什么东西。在生活中，让孩子建立"物"与"钱"的价值关系，这有利于孩子理财意识的形成。

3.让孩子尝试多种理财方式

理财不一定是赚钱，而是一种对钱的合理分配计划。因此，妈妈可以让孩子建立自己对金钱的计划分配表。比如，妈妈给孩子200元零用钱，让孩子计划如何使用这200元。在孩子的规划表中，要包含：消费、储蓄、借贷等多种形式。

理财的方式有很多，妈妈要让孩子懂理财，必然要先自己会理财。对于很多妈妈来讲，她们自己都不懂理财，这就很难教孩子学理财了。

妈妈带娃解读

　　理财不仅仅是投资或者赚钱，更重要的是让孩子学会管理金钱和做财务规划。当孩子进入小学阶段，他们在心理上已经对金钱有了简单的认知，这个时候妈妈要让孩子明白金钱能帮助他们获得什么。同时，让孩子了解如何合理规划现有的金钱，从长远角度去计划如何利用时间来获得金钱。教会孩子理财，不是单纯地让孩子赚钱、存钱，而是让孩子学会基本的金钱管理技能。

做公益，加深孩子对钱的认知

在很多妈妈心目中，做公益似乎跟孩子没有关系。有些妈妈觉得很多事情孩子还不懂，所以没有必要让孩子参加到公益事业中。其实，妈妈不要认为做公益活动是大人的事情，也不要认为只有做出惊天动地的事情才算是做公益，一点一滴的小事也可以彰显价值，而这些都可以称之为公益活动。

为什么要带孩子做一些公益性的活动？这样做其实是为了孩子能够感受到金钱不仅仅可以用来满足自己的欲望，还能够帮助到其他人。对于孩子来讲，他们内心可能有通过自己的力量来帮助别人的愿望，但是他们不一定有这样的机会，所以，这就需要妈妈来给孩子提供机会。

妈妈带娃实例

周末，王琳琳要求女儿去做作业，女儿却想让她带自己去游乐场玩。看到女儿不情愿的样子，王琳琳有了一个想法，她对女儿说："然然，你已经10岁了，今天既然你不想做作业，那么就和妈妈去做一些有意义的事情吧？"

"什么有意义的事？"女儿好奇地问道。

"你也知道，妈妈是博爱孤儿院的义工，今天你可以陪妈妈一起去孤儿院，为那里的孩子做点儿事吗？"王琳琳对女儿说道。

"我能为他们做什么？"女儿继续问道。

"你现在已经10岁了，那里有很多比你小的小朋友，你可以将自己看过的绘本或图书送给他们，也可以用自己的零花钱给那里的小朋友买一些小礼物。"王琳琳说道。

"我不看的书倒是不少，但是我不知道他们需要什么礼物。"女儿说道。

"你觉得他们喜欢什么，你就可以送给他们什么。"王琳琳没有给孩子指定要买的礼物，而是让孩子自己去选择。

女儿一个月的零用钱有100元，只见女儿拿着花剩下的60元钱进了一家文具店。她买了一些学习用具。去之前，女儿将自己所有不看的书都装到了妈妈的车上。

到了孤儿院，女儿将准备好的礼物送给了那里的孩子。在回来的路上，女儿突然对王琳琳说："妈妈，以后每个月都带我来孤儿院好吗？我要用我的零花钱给他们多买一些礼物。"

王琳琳听了很开心，她问女儿："那你的零花钱恐怕要不够用了。"

女儿说道："我可以不买玩具，每个月您给我的零花钱，我会尽量少花一些，省下来的钱可以给他们买礼物。"

听了女儿的话，王琳琳感到很欣慰。

对于王琳琳的女儿来讲，她能够通过做公益这件事情，意识到零花钱还有另一种使用价值，并且乐于用这种方式来支配自己的零花钱，实属难得。从另一方面来讲，王琳琳的女儿在做公益的过程中，意识到了金钱的价值。

妈妈带娃妙招

妈妈要通过做公益的方式，让孩子更了解金钱的价值，让孩子看清楚金钱的意义，不妨从以下几点着手：

1.让孩子用自己的零花钱或压岁钱做好事

当孩子在制订零花钱计划的时候，妈妈要有意识地向孩子灌输做公益的概念，让孩子可以自主地将一部分钱划分到做公益上面。这样做是为了让孩子从小养成奉献意识，同样也能够让孩子了解到金钱不仅仅可以用来消费，还可以用来帮助别人。

2.从生活中的小事做起

做公益不一定是非要带孩子去做大事，也可以通过一些小善举来实现做公益的目的。比如，带孩子去捡矿泉水瓶，然后将这些矿泉水瓶送给拾荒的老人。要知道这些小事情也是能够帮助孩子建立正确的金钱观的。

3.让孩子脱离舒适区

妈妈带孩子做公益的时候，孩子所处的环境可能是恶劣的，这个时候孩子脱离了原本舒适的生活区，从某种意义上来讲可以锻炼孩子的意志，让孩子更加真切地认识到金钱的价值所在。比如，带孩子去偏远山村，可以让孩子感受那里孩子生活的艰苦，从而唤醒孩子对现有物质生活的珍惜。

妈妈带娃解读

　　公益，其实就是个人通过做好事和善举，来给社会提供公共产品的行为。因此，这种行为本身是值得赞扬的。贡献个人的金钱或劳动，让他人获利，从本质上讲是伟大的。让孩子通过这种行为感受到金钱的好处，这对孩子建立正确的价值观是十分有帮助的。

第五章

适当对孩子说NO，
不会拒绝是在害孩子

　　许多妈妈将孩子看作是"心头肉"，孩子要求什么，妈妈就答应什么，孩子要什么，妈妈就给什么。殊不知这样的有求必应会让孩子养成一些不好的生活习惯，甚至会害了孩子。因此，妈妈要敢于对孩子说"NO"，让孩子知道妈妈的底线是什么，适当地拒绝孩子的要求，这对孩子的成长有利无害。

带孩子，不是一味地满足孩子的所有要求

在生活中，我们经常会听妈妈对孩子说："你想干什么就告诉妈妈，只要你不哭就行。"似乎只要孩子"听话""够乖"，他们提出的所有要求，妈妈都会答应。不仅如此，有的妈妈会让孩子觉得自己是无所不能的，因为不想让孩子失望，于是她们会想尽办法满足孩子所有的愿望。久而久之，你会发现，孩子提出的要求越来越多，也越来越离谱，孩子会变得越来越"不听话"。

妈妈管教孩子的目的是什么？难道真的是为了让孩子不哭不闹，乖乖听话吗？妈妈应该让孩子知道自己的底线在哪里，要对孩子说"不"，要让孩子知道有些事情是不被允许的，这样做才能帮助孩子分清是非对错，才能让孩子有所忌惮和在意。

有的妈妈会觉得孩子还小，我们要满足孩子所有的要求，否则孩子就会没有安全感。其实不然，当有一天你发现自己已经没有能力去满足孩子过分的要求时，孩子的心理落差会很大，孩子表现出的状态也会很糟糕。因此，妈妈要有区别地对待孩子的要求，不能一味地迁就孩子。

妈妈带娃实例

我的邻居是一位8岁女孩的妈妈，她的女儿是小区里出了名的"小公主"。为什么这样说呢？是因为就连邻居都会无条件地满足女儿的所有要求。

记得他们搬到这里的第一天，我看到这位妈妈大包小包搬运东西，而女儿不但没有帮妈妈拿东西，还要求妈妈抱她进屋。于是，我看到这位妈妈，左手拎着两个包裹，背上背着女儿，右手拿出钥匙在开房门，看到这一幕，我便赶快上前帮她拎东西。

之后，她邀请我去她家里做客。我刚去没多久，只听到她的女儿在卧室喊道："妈妈，你快过来！"

只见她不顾及我在客厅，立刻跑到卧室去了。

过了一会儿，她回来和我又聊了一会儿，她的女儿又喊道："妈妈，我饿了，我想吃比萨。"

邻居耐心地对女儿说："现在才十点，早上你吃了那么多，怎么现在就饿了？你先吃点水果，喝杯牛奶，等十一点妈妈再给你买比萨。"

"我现在就要吃，我不吃买的，我就要吃你做的。"女儿说道。

"现在太早了，再说我们刚搬过来，还没有收拾好，目前家里没有做比萨的东西。"妈妈解释道。

"我不管，反正我就要吃你做的比萨。"女儿生气地说道。

见状，我赶紧告辞。刚走出他们家，我就听到妈妈对女儿说道："好好好，只要你别闹，妈妈现在就给你做。"

对于这位母亲来讲，或许她让孩子听话的唯一方法就是满足孩子所有要求。在她看来，孩子的要求并不过分，只是孩子太小而已。其实，妈妈无条件地满足孩子的要求，只会让孩子觉得只要自己哭闹、发脾气，妈妈就会放弃原则，答应自己。久而久之，孩子会变得更加难以管教。

妈妈带娃妙招

管教孩子就要让孩子明白什么事情该做，什么事情不该做；什么要求该提，什么要求不该提。那么，在生活中，妈妈面对孩子的要求该如何做呢？

1.满足孩子的合理要求

所谓合理的要求，就是这个要求要具备正确性。比如，当孩子跑步的时候，跑了二十分钟后，表示太累了，希望暂时休息，这个时候妈妈可以允许孩子休息。从这点来看，孩子合理的要求就是符合事物常理的。

2.推迟满足孩子合理但不恰当的要求

有的时候孩子提出的要求虽然是合理的，但却是不恰当的。这个时候妈妈不妨运用延迟满足法，对孩子的要求进行延迟满足。比如，在冬天，孩子看到其他的小朋友吃冰激凌，他也想要吃冰激凌，而孩子的肠胃不太好，那么妈妈可以对孩子说，等气温高一些的时候再给他买冰激凌吃。冬天吃冰激凌这个要求并不存在不合理性，但是对孩子身体健康来讲却是不恰当的要求，妈妈可以延迟满足孩子，让孩子心存希望，这样孩子不至于觉得妈妈太过严苛。

3.拒绝孩子不合理、过分的要求

孩子提出不合理的要求时，妈妈要坚决地对孩子说"不"，让孩子知道他的要求已经触碰到了你的底线，并且让孩子知道他的要求是错误的，或是不合理的。收起你的不忍心，对待孩子那些过分的要求，妈妈一定要坚决地回绝。

妈妈带娃解读

孩子的要求并不等于孩子的需求，理解这点对妈妈来讲十分重要。对于孩子合理的需求，妈妈可以尽量去满足，而对于孩子不合理的要求，妈妈只需要坚持自己的原则即可。不要担心自己拒绝了孩子过分的要求，孩子会失落，当孩子明白了是非对错之后，他们会明白你的良苦用心的。

面对孩子的无理要求，妈妈要守住底线

俗话说女人善变，其实最善变的莫过于孩子。孩子有时候是"天使"，但有时候也是"恶魔"。为什么这样说？因为在孩子成长的过程中，他们总会向大人提出一些不合理的要求，甚至是非常过分的要求。孩子在小的时候提出要求，如果妈妈不答应，他们会哭闹着满地打滚儿。面对此景，很多妈妈会妥协，满足孩子过分的要求，却不知当妈妈做出一次妥协之后，紧接而来的可能是孩子更夸张、更过分的要求。因此，妈妈要明白自己教育孩子的底线是什么，孩子提出的哪些要求是可以满足的，而哪些要求是不能满足的，即便是孩子大哭大闹，也不能事事迁就孩子。

很多时候，孩子会通过哭闹的方式，来让妈妈感到无助。于是，妈妈为了避免孩子哭闹，孩子提出的任何要求，妈妈都会给予满足。然而我们会逐渐发现，孩子的脾气越来越大，要求越来越过分，自然，这对双方来说都不是好的结果。

妈妈带娃实例

王菲菲的女儿已经11岁了，每个月她都会跟王菲菲多次要零花钱，只是为了买玩具或者零食。这几天她又在跟王菲菲要钱，这次要钱是为了买一个娃娃。王菲菲一开始是拒绝的，即使女儿哭闹，王菲菲也坚持没有给女儿钱。

紧接着，女儿开始闹绝食，没办法，王菲菲只好妥协，满足了女儿的要求，但是她声明这是最后一次满足女儿的愿望。但是没过多久，女儿又以要买文具为由再次要钱，并且再次用绝食威胁王菲菲，王菲菲很无奈地再次妥协。

面对这种情况，王菲菲十分苦恼，她向闺蜜小丽抱怨，说女儿总是用这种方法来威胁自己。小丽对王菲菲说："你要告诉孩子哪些要求是你不会满足她的，并且在她哭闹要挟的时候，你应该坚持自己的态度，不能心软，因为此时的心软就是对孩子的放纵。"

听了小丽的话，王菲菲决定试着去拒绝女儿的要求，女儿还是用同样的方式来要挟王菲菲，但是她发现自己的方法不再有效果的时候，就放弃了，并且从那之后，女儿再也没有用闹绝食这个招数跟她要过钱了。

在生活中，孩子提出不合理的要求很正常，毕竟很多时候孩子对于自己提出的要求也不清楚是对是错。妈妈拒绝孩子要求的过程，就是让孩子明白哪些要求是正确的，哪些要求是错误的。

妈妈带娃妙招

聪明的妈妈善于拒绝孩子过分或过激的要求，当然，在生活中我们更应该让孩子知道哪些要求是合理的，可以得到大人满足的，而哪些要求是妈妈怎么也不

会满足的。

那么，当孩子提出不合理的要求时，妈妈要如何应对呢？

1.对于孩子提出的不合理的要求，妈妈要坚定地拒绝

孩子要去小河里游泳，而在小河旁边明确写着"禁止游泳"的警示语，这个时候，妈妈要告知孩子在这里游泳会发生什么，产生怎样的严重后果，并且已经发生过哪些惨案，然后拒绝孩子去游泳。

2.对于孩子提出过分的要求，妈妈要先跟孩子讲道理

晚上十点孩子不睡觉，要让妈妈给自己做汉堡吃。孩子可能觉得这件事情似乎没什么问题，但是作为妈妈应该告诉孩子晚上睡觉之前是不能吃太多东西的，否则会影响身体健康，会胃疼。一旦孩子认可了妈妈的观点，以后孩子便不会提出类似的要求了。

3.孩子提出的要求危害到他人利益，这个时候妈妈要教会孩子换位思考

当孩子要求妈妈将别人的玩具带回家时，你可以让孩子站在别的小朋友的角度思考问题，最后再拒绝孩子的要求。

妈妈带娃解读

　　孩子之所以提出无理的要求，很多时候是因为孩子没有认识到自己提出的要求有多么过分。因此，妈妈在听到孩子提出无理要求之后，不要急于去批评孩子，而是要向孩子说明为什么他的要求是错误的、过分的。所谓"无知者无畏"，正是因为孩子对是非并没有明确的认知，所以才不懂得畏惧，才会肆无忌惮地提出不合理的要求。因此，妈妈要做的就是让孩子"先认知是非"，然后再表明自己的态度。

孩子为攀比而提出要求，妈妈要这样引导

攀比心是如何产生的？对孩子来讲，出现攀比心多半是因为孩子拿自己的不足与别人的优点进行比较。我们在生活中，会听到一些孩子说："妈妈，我们班小明有一双新款的运动鞋，您能不能也给我买一双？""妈妈，小丽有一条项链，您能不能给我买一条？"孩子说类似的话时，其实归根结底是因为孩子出现了攀比心。

孩子因为想要与他人进行比较，而提出一些要求时，妈妈该如何去做？有的妈妈害怕孩子因为需求得不到满足，而产生自卑心理，所以会满足孩子的所有要求。有些妈妈觉得这是因为孩子的虚荣心在作祟，便会训斥孩子、吼骂孩子。其实，这两种方法都不能彻底解决孩子爱攀比的问题。此时，妈妈不妨给予孩子正确的引导和指导，让孩子自己去分辨，自己提出的要求是否真正符合自己的需要，再结合自己的实际情况决定是否需要妈妈满足自己的要求。

妈妈带娃实例

张小北已经上了四年级，这天妈妈接他放学。在回家的路上，他闷闷不乐，妈妈问他怎么了。他对妈妈说："妈妈，明天给我买双新鞋吧？"

"你脚上的鞋坏了吗？"妈妈好奇地问道。

"没有坏，但是我想要一双新鞋。"张小北低着头说道。

"这双鞋我记得才买了一个多月吧？"妈妈说道。

"我知道，但是和我一起玩的慕言、周杰名，他们两个人都买了相同的一款鞋，最主要的是那款鞋是最新款，我也想要一双。"张小北说道。

"哦，原来是这样呀！"妈妈停了一下，继续说道，"那双鞋多少钱？"

张小北说："不到500元吧。"

"主要是你刚买了脚上的这双新鞋。"妈妈劝说道。

"我脚上的这双鞋才180元，也不是最新款。"张小北继续说道。

妈妈没有再说话，而是开车来到了一个卖馒头的店铺门口，妈妈让张小北一起下车。然后对张小北说道："如果我给你买了新鞋，是不是意味着你脚上的这双180元买的鞋子就再也不穿了？"

"肯定的啊，我要是有了新鞋，我肯定不穿这双旧的了。"张小北说道。

妈妈指着馒头，对卖馒头的老板说："老板，180元能买多少馒头？"

店老板说："1元钱两个，你算算。"

"也就是360个馒头，那请问您这一笼屉能蒸多少个馒头？"妈妈继续问道。

"一笼屉最多蒸80个馒头。"店老板说道。

妈妈转身对张小北说道："儿子，你听到了吗？你扔掉脚上这双鞋相当于浪费了360个馒头，也就是比四笼屉还要多的馒头。"

"那又怎样？"张小北问道。

"你按照一天吃4个馒头计算，吃完360个馒头需要90天，也就是3个月。如果你真的决定再买一双新鞋，那你只能是三个月不吃主食了。"妈妈说道。

听了妈妈的话，张小北意识到自己的要求有些不合理，在回家的路上他没有再提买新鞋的事情。

在生活中，孩子看到别人有的东西，往往会希望自己也能拥有，这是一种很常见的心理。孩子出现这种攀比的心理并不可怕，可怕的是妈妈不懂得去正确引导孩子转变思维，而是一味地去满足孩子不合理的要求。

妈妈带娃妙招

对于孩子来讲，他们的需求本身就是多变的。他们可能看到某个人拥有某件东西时，便也想拥有，这个时候妈妈要做好孩子的心理疏导工作，帮助孩子改变这种攀比心理，那么，妈妈该如何正确引导孩子呢？

1.了解孩子攀比形成的原因

孩子攀比心理的形成是复杂的，很多孩子是因为自卑，因此他们想通过一些物质的外显，来达到填补自卑心理的目的。有些孩子则是希望通过这种方式来吸引妈妈的关注。因此，母亲要想改变孩子的攀比行为，就要先分析孩子为什么会攀比，攀比的原因是什么。

2.引导孩子转换攀比方向

孩子拥有攀比心未必是坏事，从另一角度来讲，证明孩子有竞争意识。因此，妈妈可以利用孩子喜欢攀比的心理，转换孩子攀比的具体方向。比如，鼓励孩子在具体的学习行为上与别人进行攀比，而不是在物质需求上与别人进行比较。

3.帮孩子分析其内心真正的需求

孩子提出的所有要求都是他们发自内心希望得到的吗？其实并非如此。很多时候孩子提出的要求并不是他们内心所需要的，只是因为孩子的攀比心在作祟。在这个时候，妈妈可以帮孩子分析结果，让孩子意识到自己的要求即便得到了满足，对他的影响也不会很大。再遇到类似情况时，孩子会用真实的内心需求来战胜攀比心。

妈妈带娃解读

攀比心，指的是别人拥有的，自己也希望拥有。如果能将攀比心赋予正能量，那么它能帮助孩子获得前进的动力。而如果孩子的攀比心等同于虚荣心，那么妈妈要正确引导孩子，帮孩子将攀比心转化成上进心、进取心。

拒绝孩子要有理有据，坦率真诚

当孩子提出无理或过分的要求时，作为妈妈要不要直接拒绝孩子的要求？如果拒绝了孩子的要求，孩子当场开始哭闹又该如何处理呢？这恐怕是很多妈妈都想知道的答案。在生活中，孩子可能会提出一系列的要求，对于孩子提出的要求，妈妈首先要做的是分析孩子的要求是否合理，如果孩子的要求不合理，自然可以真诚坦率地拒绝孩子。

有些妈妈不善于拒绝孩子，当听到孩子提出过分的要求时，她们只会生气地吼骂孩子，这个时候的孩子是迷惑的，因为他们不清楚自己为什么会惹怒妈妈。冲孩子发火、吼叫，这并不是解决问题的方法。

妈妈带娃实例

"妈妈，我要买恐龙。"一个男孩站在玩具店门口，对妈妈说道。

"宝贝儿，我们家的恐龙已经有很多了。"妈妈解释道。

"不行，那些都是旧的，我要买新的。"男孩继续要求。

"旧了但是还可以玩儿，所以没有必要买。"妈妈耐心地对孩子说。

"我不管，我就要买。"男孩边说边哭。

看到已经哭泣的孩子，妈妈没有责备他，而是继续说道："我知道你现在很想要买店里的恐龙，可是你不是说要和别的小朋友分享玩具吗？如果你把店里所有的恐龙都买回家，其他小朋友也像你一样，想要买恐龙怎么办？"

听了妈妈的话，小男孩停下了哭声，妈妈继续说道："咱们家有那么多恐龙了，玩具店那个就留给其他和你一样喜欢恐龙的小朋友吧，不然他们也会哭的。喜欢恐龙并不一定非要都买回家，你将新的买回家，家里旧的恐龙也会伤心。"

小男孩没有继续哭，他擦着眼泪，然后说道："老师教过我们要分享，所以我把恐龙分享给别的小朋友吧。"

"对呀，宝贝已经6岁了，懂得分享玩具了。"妈妈笑着说道。

就这样，小男孩笑着、跳着跟妈妈回家了。

对于很多孩子来讲，他们对自己的要求是有简单的认知的，在提出某些不合理的要求之前，他们也知道妈妈可能会拒绝满足自己的要求，但是出于自己的喜好或情绪，他们会用提要求这样的方式来试探妈妈，如果这次试探成功了，那么以后他们会提出更为过分的要求。面对孩子的要求，妈妈可以拒绝孩子，但是拒绝孩子要讲究方法，要让孩子知道自己被拒绝的理由是什么，有理有据地说服孩子。

妈妈带娃妙招

随着孩子的成长，孩子对事物也会有简单的认知。当妈妈意识到孩子提出的要求不合理时，先不要着急冲孩子发火，更不要急于去责备孩子，而是要跟孩子讲道理。那么，妈妈要如何有理有据地去拒绝孩子的要求呢？

1.先让孩子思考自己该不该提出这个要求

孩子提出要求之前，可能他也不知道自己为什么要提出这么过分的要求。这个时候妈妈可以让孩子先思考，自己为什么要提出这样的要求，真的需要父母去满足自己的这个要求吗？当孩子想清楚之后，可能就不会再要求妈妈满足自己了。

2.妈妈要冷静地陈述事实

在孩子不停地要求妈妈去满足自己的要求时，妈妈要保持冷静，不要冲孩子发火。这个时候，妈妈要冷静地告诉孩子，自己之所以拒绝满足他的要求的道理是什么，让孩子明白妈妈拒绝自己是有原因的，而不是因为妈妈不高兴、心情不好才拒绝自己的。比如，孩子晚上九点还要去楼下玩，这个时候可以告诉孩子自己不带他下去玩是因为已经很晚了，楼下没有其他小朋友，而且已经到了睡觉的时间，如果不早点休息，明天可能会迟到，所以自己不能带他下楼玩。

3.拒绝孩子要真诚

所谓真诚，就是不能哄骗孩子。很多时候妈妈为了解决眼前的问题，会选择用哄骗的方式来应对孩子。比如，妈妈会对孩子说"我们下次再买""妈妈今天没带钱，明天给你买"。妈妈认为只要当下应付了孩子，孩子第二天就会忘记，所以这件事情也就不会再被孩子提起了。但妈妈哄骗孩子，会让孩子对大人的信任慢慢消失，而且妈妈这样做也是在给孩子做坏榜样。妈妈可以拒绝孩子，但是

绝对不能哄骗孩子。

妈妈带娃解读

有理有据地拒绝孩子，一方面能够让孩子知道妈妈做事的底线，另一方面能告知孩子自己拒绝他们的要求是有道理可讲的，不是用"大人"的身份去压制他们，这能让孩子感受到公平，他们会更加容易接受妈妈的拒绝。对孩子讲道理，能让孩子变得通情达理，如果妈妈不讲道理，孩子自然也会变得无理取闹。

一旦决定拒绝孩子，不可随便反悔更改

很多妈妈会抱怨自己的孩子不听话，仔细想想你的孩子为什么会变成现在这样呢？很大程度上是受到了妈妈的影响。我们就拿拒绝孩子要求这件事情来讲，孩子要求买新玩具，妈妈信誓旦旦地说不能买，不仅如此，妈妈还对孩子讲了一堆不能买玩具的理由，但是孩子仍然哭闹，这个时候有的妈妈就会选择妥协，答应孩子的要求。妈妈的妥协让孩子觉得只要自己不停哭闹，那么妈妈早晚会答应自己的要求，这也是为什么孩子会变得越来越不听话的原因。

在妈妈决定拒绝孩子要求的时候，妈妈就应该明白自己可能会面临什么，可能是孩子的理解，也可能是孩子的哭闹。当孩子真的因为你的拒绝而哭闹时，妈妈一定不要随意妥协，否则孩子可能会因为你的妥协而选择继续哭闹，甚至在下次出现类似的事情时，孩子会提出更为过分的要求。

妈妈带娃实例

周末，我带着女儿去商场闲逛，到了超市，只见在零食区前有一个六七岁样子的男孩在地上打滚哭闹，他的妈妈站在旁边，几次试图要将男孩从地上拉起来，但是男孩死活不起来，嘴里还不停地喊道："你不给我买薯片，我就不起来！"

"不是妈妈不给你买，你上火嗓子疼，医生不是说不让你吃这些垃圾食品了吗？"妈妈着急地冲孩子喊道。

"那为什么我上次生病，也是感冒，你就给我买了呢？"男孩在地上躺着哭喊道。

"上次不是因为你死活不回家，赖在超市不走吗！"妈妈生气地说着。

男孩听了妈妈的话，哭得更厉害了。"你走不走，你不走我自己回家了啊！"妈妈在原地冲男孩喊叫。

只见男孩根本没有理会妈妈，该哭还是哭，这位妈妈看孩子没有做出任何反应，便假装回家，向前走了几步，但是还是忍不住走回来，然后蹲在地上，又开始劝说孩子回家。

"我就要一包薯片，不买我就不回家。"孩子似乎看出妈妈根本不会抛下自己回家的，便开始用语言威胁妈妈。

"医生不让你吃，不是妈妈不给你买。"妈妈还在重复着刚才的话。

"以前生病医生说不能吃零食，你不是照样给我买了吗？怎么现在就不能买了？"儿子反驳道。

这位妈妈和孩子在零食区僵持了大概有二十多分钟，妈妈实在没办法，只好答应孩子，给孩子买薯片。听到妈妈答应了自己的要求，孩子没有直接从地上起来，而是提出了更为过分的要求："我还要吃辣条！"

"辣条不行，我都说给你买薯片了，不能吃辣条。"妈妈又开始拒绝孩子的要求。

"零食包括辣条，你让我吃薯片了，为什么不让我吃辣条？"男孩又开始撕心裂肺地哭泣，继续说道，"不买辣条，我就不起来。"

"好好好，买。给你买薯片、辣条，你别哭了行吗？"妈妈着急地说道。

这个时候，男孩才从地上起来，然后停止了哭闹。只见男孩直接跑到货架前，拿了辣条和薯片，开心地和妈妈走向收银台。

这位妈妈遇到的情况恐怕很多妈妈都遇到过，当孩子提出要求之后，这位妈妈首先是选择了拒绝孩子的要求，原因也很合理，但是面对孩子的哭闹，这位妈妈却又妥协了，而孩子看到妈妈妥协，接着又提出了更为过分的要求。面对孩子的要求，妈妈也只能是再一次妥协。可见，妈妈的拒绝，对孩子来讲是没有说服力的，原因很简单，妈妈之前因为同样的理由妥协过，那么孩子自然不会遵守妈妈制定的规则。

妈妈带娃妙招

随着孩子长大，他们也会明白什么要求是妈妈可以同意的，而什么要求触碰到了妈妈的底线。当孩子试图去触碰妈妈的底线时，他们会先去想办法试探妈妈。如果妈妈选择妥协，那么孩子会频繁地打破妈妈的底线，从而将妈妈的拒绝看作是一种无力的奉劝。

那么，妈妈在拒绝孩子的时候，面对孩子的一系列表现该如何处理呢？

1.让孩子学着站在妈妈的角度思考

妈妈拒绝孩子的理由往往是站在自己的角度来表达的，这个时候孩子才不会

站在妈妈的角度去思考问题。比如，你以"妈妈让你上辅导班，也是为了你好"为理由，来拒绝孩子不去辅导班上课的要求，孩子可能会因为觉得妈妈不理解自己而哭闹，这个时候妈妈不妨给孩子思考的时间，甚至可以带孩子体验生活，让孩子明白不学习的后果是什么。

2.平静地看着孩子哭闹

孩子因为达不到某个目的而哭闹时，妈妈既不要将孩子抛下转身离开，也不要不停地跟孩子讲大道理，这个时候孩子沉浸在自己的思想和哭泣中，根本听不进去任何话，妈妈要做的就是保持冷静的态度，平静地看着孩子。当孩子哭闹了一会儿之后，他发现妈妈并没有因为自己的哭闹而妥协，自然，孩子会慢慢停止自己的无效哭闹。

3.孩子发脾气时，妈妈可以给他独立的空间

有时候妈妈不满足孩子的某些要求时，他们可能会发脾气将自己关在房间里。这个时候，妈妈不要冲着孩子不停地唠叨，而是要给孩子独立思考的空间，等孩子情绪相对平静之后，再跟孩子讲道理。千万不要看到孩子发脾气或者生气，妈妈就妥协，满足孩子不合理的要求。

妈妈带娃解读

妈妈选择拒绝孩子的要求，就要坚持到底。在妈妈拒绝了孩子的要求后，孩子内心肯定会出现落差，而伴随孩子内心落差出现的状态可能还有失落、沮丧、伤心、反抗等。在面对孩子的这些情绪时，妈妈要做的不是出于心疼而否定自己之前的拒绝，而是要坚持拒绝到底，让孩子明白自己的底线在哪里。这样一来，以后孩子在提要求之前，便会提前思考自己提出的要求是否会触碰到妈妈的底线，自己的要求是否合理。

善于对孩子的借口说 "NO"

美国著名教育学家布卢姆说过："借口是不想担负责任的托词，是不信守承诺的反映，是畏惧困难、不求上进的表现，它直接阻碍着一个人将来的成功。"在生活中，妈妈会发现孩子在做错事情之后，经常会找各种借口，而他们找各种理由的目的就是为了逃避承担责任，逃避困难。此时，妈妈首先要做的不是责备孩子，而是要分析孩子为什么会产生这种逃避的心理。

在教育孩子的过程中，每个妈妈都经历过孩子找各种借口，拒绝做某件事情的情况，而面对孩子的各种理由，妈妈可能会不知所措，不知道哪个是真的，哪个是假的。然而，妈妈们要做的不仅仅是想办法揭穿孩子的借口，更重要的是能让孩子意识到找借口这件事本身就是错误的。

妈妈带娃实例

赵雅丽的女儿上三年级，从小女儿就善于言谈，这本来是一件好事，但女儿在犯错时或者是要做事情之前，总是会找一系列的借口。开始赵雅丽认为这是孩子的天性，也就没有在意。不过，在女儿上小学之后，她发现女儿做任何事情都喜欢找借口。

恰逢周末，赵雅丽在厨房做饭，只听到客厅传来"啪"的一声。赵雅丽赶快冲向客厅，只见她刚给女儿买的新水杯被摔得粉碎。原本这是一件看似很小的事情，赵雅丽也没多想，她对女儿说："刚才我是不是提醒你了，别把水杯摔碎了，现在好了，新水杯没了。"

女儿听了赵雅丽的话，说道："这也不赖我啊，谁让你给我买玻璃水杯的？"

赵雅丽没有说话，紧接着开始吃饭，赵雅丽让女儿将电视关掉，她不希望女儿养成边吃饭边看电视的坏习惯。女儿又说道："电视买了就是让看的，你不让我看，那还不如把电视卖了呢。"

虽然这都是生活中的小事情，但是赵雅丽觉得女儿凡事爱找借口，不是好的习惯。恰巧，这天期中考试成绩出来了，女儿的考试成绩不理想，赵雅丽还没有问女儿为什么这次考得这么差，女儿便开始抱怨："我都说了考试那天早上，别给我做那么多好吃的，吃多了不利于专心考试。"

赵雅丽生气地说："考试成绩不理想，你的理由竟然是早上妈妈给你做的饭太好吃，你吃多了？"赵雅丽清楚地意识到女儿并非是善于言谈，而是善于找借口，为一切事情找理由、找借口。

"妈妈很严肃地告诉你，你考试没考好就是没考好，其他任何理由都不是理由。你记住，不要把自己做不好的事情都归结于别人身上，你要多想想自己的缺点。"赵雅丽生气地冲女儿说道。

想必很多妈妈都和赵雅丽有一样的经历，在生活中，当你的孩子总是找一些无关痛痒的借口，试图掩盖自己犯的错时，妈妈该如何做？是当面揭穿孩子的谎言，还是选择相信孩子、顺着孩子？正确地对待孩子的"假理由"，这关乎孩子人格的培养。

妈妈带娃妙招

在生活中，我们希望孩子感受到妈妈对他的爱，而爱孩子并不是放纵孩子逃避自己犯的错误或遇到的困难，更不是对孩子表述的荒谬理由表示支持，而是帮孩子改掉遇事胡乱找借口的毛病，妈妈具体可以按照以下几方面进行操作：

1.分析解剖事实，让孩子直面事物本质

很多孩子在遇到困难之后，他们不清楚困难的本质是什么，只是单纯为了逃避事情的发生而找一个个荒谬的借口。因此，妈妈要帮助孩子分析事情的本质，当孩子了解了事物的本质，他们便不再惧怕困难，也不再胡乱找理由。比如，孩子擅长长跑，因为害怕比赛拿不到第一名，就选择不去参加校园运动会，他的理由可能是担心参加运动会影响到自己的学习。其实，妈妈可以帮孩子分析，让孩子明白参加运动会的目的不是拿冠军，而是让他亲身感受运动精神和合作精神。当孩子参加运动会的目的发生了转变，他会愿意接受现实，放下自己的抗拒，直面问题。

2.妈妈要表明自己对孩子找借口不满

孩子可能会因为各种事情找借口，做不对题找借口、睡不着觉找借口、迟到找借口、打架找借口等。面对孩子的借口，妈妈一定要明确自己的态度，只有这

样，孩子在下次找借口的时候，才会思考自己的借口是否能被妈妈接受或认可。

3.对孩子的借口要适度宽容

有些教育专家在网上发表观点说："孩子做事情爱找借口，妈妈要宽容地对待孩子。"我们不反对父母在孩子教育过程中要宽容地对待孩子，但是在宽容之前一定要加上"适度"二字。尤其是对待孩子乱编理由这件事情，妈妈要先去分析，如果孩子的理由本身就是错误的或者虚假的，那么妈妈就不能再"宽容以待"了，毕竟包容孩子的谎言，就是在变相毁掉孩子。

妈妈带娃解读

　　孩子做事情找借口，妈妈可以从深层次去分析，孩子为什么要找借口。是因为孩子缺乏自信心，还是因为害怕自己能力不足而做错事情？又或者是因为孩子胆怯，害怕做错事情受到责罚？不管是哪种原因导致孩子乱找借口，妈妈都要明确地告诉孩子编造借口、逃避责任是错误的处理问题的方法。

方式方法很重要，拒绝切莫伤孩子的心

在生活中，很多妈妈看重自己的面子，在意自己的尊严，但是却从来没想过随着孩子的成长，他们也会越来越在乎自己的尊严。正因为如此，妈妈应该注意与孩子的交流方式，尤其是在拒绝孩子提出的要求时，要避免因为使用不恰当的方法，让孩子的自尊心受伤。

曾经有心理学家说过："尊重孩子要从顾及孩子的自尊心开始。"孩子提出要求，妈妈拒绝，这是经常会发生的事情。然而妈妈拒绝孩子的不合理要求是需要讲究方法的，众所周知，用暴躁的态度来拒绝孩子的要求是最不提倡的交流方法。妈妈可以选择一种比较婉转的语言或方式，让孩子意识到自己要求过分的同时，还能够感受到来自妈妈的尊重和理解。只有这样，孩子才能更愿意接受你的"拒绝"。

孩子的内心是比较脆弱的，因此，妈妈在拒绝孩子要求的时候，不妨思考一

下自己的话语是否过于苛刻。无论我们用何种方法去拒绝孩子，目的都不是伤害孩子的内心，我们要让孩子明白拒绝也是一种爱。

妈妈带娃实例

邻居小周是一位10岁女孩的妈妈，她曾向我诉苦，具体事情是这样的：

一次，她去接女儿放学，刚出校门女儿就对小周说："妈妈，今天晚上你带我去吃汉堡和薯条吧。"

小周说道："妈妈已经做好饭了，我们直接回家吃饭吧。"

女儿不想回家吃饭，于是坚持去快餐店吃汉堡和薯条。小周觉得吃汉堡和薯条没有营养，更何况女儿体重已经超标，她不希望女儿吃那么多的垃圾食品，害怕影响到女儿的身体健康。于是，小周每天下班回到家就赶快给女儿做饭，希望女儿能够在营养充分的前提下，适当减去一些体重，而女儿似乎并不理解妈妈的苦心。

女儿还在嘟囔："别人家妈妈经常带他们去吃汉堡，你都一个月没带我去吃了。"

"是我不让你吃吗？你看看你的体重，你现在都已经100斤了，都这么胖了还要吃那些油炸食品！"小周再也控制不住自己的情绪了，生气地嚷道。要知道在学校门口还有很多家长在接孩子，其中不乏女儿的同班同学，听了妈妈说的这些话，女儿自然觉得有损颜面，她觉得十分尴尬。

回到家中，女儿将自己关在房间里，晚饭也没吃。一连三天，女儿没有跟小周说一句话。

听了小周和女儿的事情，我们可以看出小周之所以拒绝女儿吃薯条汉堡，也是出于对女儿健康的考虑，但是在拒绝女儿的过程中，小周没有考虑到女儿的感受，她拒绝女儿的理由虽然很充分，但是表达的方式不对。最终，造成了母女二人关系僵化。

妈妈带娃妙招

每位妈妈都疼爱自己的孩子，希望将最好的都给孩子。随着孩子的长大，孩子也会有自己的思想，对外界事物也有最起码的认知。于是，他们会向妈妈提出各种各样的要求，希望妈妈能够满足自己的要求或请求。然而，很多时候他们的要求是荒谬的、不合理的，在面对这些情况的时候，妈妈要做的是用合适的方法和语言来拒绝孩子。具体的拒绝方法可以归结为以下几点：

1.注意力转移法

当孩子提出不合理的要求时，妈妈可以通过孩子感兴趣的事情暂时转移孩子的注意力，从而既能拒绝满足孩子的不合理要求，又能让孩子接受妈妈拒绝的理由。当然分散孩子注意力的方法有很多，比如，让孩子玩他喜欢的游戏、带孩子出去散步等。

2.切勿威胁孩子

有些妈妈在跟孩子讲道理时，孩子依旧哭闹不听，妈妈会生气地对孩子说：
"不许哭，再哭我就揍你！"妈妈希望通过这种威胁的语言震慑住孩子，让孩子变得听话，起码达到让孩子暂时听话的目的。然而，这种方法不能从根本上让孩子接受，也不能让孩子意识到自己的要求有多么的不合理。

3.不当外人面指责孩子

很多妈妈不会注意到这点，她们总会当着外人的面指责或批评孩子。殊不知这样会让孩子产生自卑心理，也会伤害到孩子的自尊心。因此，外人在场的情况

下，妈妈可以推迟对孩子的拒绝，暂且将孩子的要求搁置，等到客人走后或者回到家里，再对孩子的要求进行剖析，让孩子明白妈妈已经给足了他们"面子"，给孩子最起码的尊重。

妈妈带娃解读

　　拒绝别人是一门艺术，善意的拒绝要让孩子感受到妈妈充满尊重的爱。在拒绝孩子要求或行为的时候，妈妈看到的不应仅仅是孩子这一次的表现，更要看到孩子的内心和需求，甚至要联想到孩子的日常习惯。同样，拒绝孩子的时候，妈妈要做到"对事不对人"，千万不要因为一次的拒绝而伤害了孩子的自尊心、自信心。

第六章

铸就内驱力，
引导孩子主动探索与学习

　　在学习方面，恐怕没有一个妈妈不期望孩子能主动学习、积极探索。要想让孩子具有学习的主动性，就需要妈妈想办法激发孩子内心对学习的向往和兴趣，激发孩子对知识的探索欲望。当一个孩子具备了学习的内驱力，那么他便能够自主学习，根本不用妈妈操心。

赫洛克效应：解决孩子不爱写作业问题

　　著名心理学家赫洛克做过这样一个实验：他找来一些人，将这些人分为四组，让这四组人分别做不同的任务，发现对待这四组人的态度不同，其表现的结果也不同。第一组人在完成任务之后，无论其结果怎样，都对他们进行表扬；第二组人在完成任务之后，对他们进行严肃的批评和指责；第三组人是被完全忽视的一组，不管结果如何，不对他们做出任何的评价；第四组人则是被隔离在单独的区域，在做完任务之后也是不给予任何评论。最后观察这四组人的表现，其中，表现最好的是第一组人，表现最差的则是第四组人。不仅如此，受表扬的第一组人的表现会随着时间的推移而越来越好，这就是赫洛克效应的实验结果。

　　赫洛克效应应用到对孩子的教育上，就是要求妈妈对孩子的学习效果给予一定的评价，对孩子的表扬、鼓励和信任，能够激发孩子的上进心，让孩子发自肺腑地愿意努力学习。

妈妈发现自己的孩子不愿意写作业，或者出现厌学情绪的时候，可以改变自己以往的教育方法，以鼓励和赞扬的方式重新唤醒孩子对学习的向往，让孩子有动力去完成自己的作业和学业。因此，妈妈在对待孩子学习这个问题上，要有发现孩子的优势和优点的眼睛，而不是一味地去指责孩子的缺点和不足。在解决孩子不爱写作业的问题上，来自家长的逼迫并不能起到很好的效果，只有激发孩子学习的内驱力，才能让孩子爱上学习。

妈妈带娃实例

周倩倩的女儿上一年级之后，开始不积极完成作业了。每次放学回来女儿都不愿意去完成自己的作业。无论周倩倩怎么催促她、批评她，她写作业仍然会拖拖拉拉，为此，周倩倩感到十分苦恼。

恰巧，周倩倩向我诉说自己的苦恼，我便给她讲了一个故事：在非洲有一个原始部落，在部族里有一条规定，凡是做出不轨行为、有失检点行为的人，都会被族长罚站，站在部族村落的中央广场，全部族人都会来围观，而这种惩罚被当作仪式来执行。仪式开始后，部族族长会讲述这个人犯了什么错，然后让每个族人用真诚的话语来说出犯错者身上的优点，不仅如此，部族所有人还会举行一次盛大的庆典，在庆典上男女老少载歌载舞，用这种隆重而热闹的方式来庆祝犯错者能够洗心革面、脱胎换骨。而犯错者往往会按照部族人的赞美之词来改正自己、修正自己的行为。

听了我的这个故事，周倩倩下班回到家，她决定用原始部落对待犯错人的方式来教育女儿。她一改往常，用鼓励的话语让女儿去完成作业，并在女儿写完作业之后，表扬女儿作业写得工整、写作业主动等。就这样，周倩倩发现女儿逐渐养成了先学习后玩游戏的习惯。

在教育孩子的过程中，妈妈要善于发现孩子身上的优点，并给予孩子适当的赞美。很多妈妈担心赞美孩子会让孩子变得骄傲，其实不然，当妈妈真诚地去赞美孩子时，孩子的内心是充满力量的，他们愿意为了得到妈妈的认可而付出努力。

妈妈带娃妙招

心理学家、哲学家杰西卡·詹姆斯表示："人类性情中最强烈的渴望就是受到他人认同。"孩子也是如此，他们期望来自妈妈的肯定。因此，在生活中妈妈不妨用赞美、鼓励的话语代替批评、指责，让孩子感受到来自妈妈更多的爱。

那么，妈妈要如何通过表扬、鼓励来让孩子爱上学习呢？

1.要表扬过程，而不是一味地表扬结果

在面对孩子学习这件事情上，要通过表扬的方式让孩子明白，你很关注他学习的态度和过程，而不是让孩子错误地认为妈妈只关注和在乎成绩。比如，你可以表扬孩子"做题思路是很正确的""学习方法很科学"等。通过表扬孩子学习的过程，能够让孩子感受到来自妈妈的关注和关心。如果妈妈只关注孩子的学习结果，那么当孩子学习结果不够理想时，他甚至会怀疑妈妈是否真的爱他。

在一档亲子栏目中，记者采访参加亲子活动的孩子，一名孩子说道："我觉得我妈妈不爱我，她爱的只是我的成绩。如果我考了高分，她就会对我笑，还给我做好吃的；如果我考得不好，她肯定会凶我，甚至还罚我不能吃饭。"

2.在学习方面，表扬不能吝啬

当孩子学习有了进步之后，他们很希望得到妈妈的表扬，而有些妈妈会担心表扬会让孩子产生骄傲自大的心理，于是有意识地去"避免"表扬。其实，对孩子及时的表扬，不但能让孩子内心感到兴奋，更能激发孩子的上进心，养成主动学习的好习惯。所以在学习方面，妈妈要及时表扬孩子，不要吝啬自己的赞美之词。

3.表扬、鼓励孩子要具体

孩子的考试成绩出来之后，妈妈兴奋地对孩子说"你真棒"，其实这种表扬方式就不够具体。因为表扬得不够具体，孩子不清楚自己到底哪儿棒，也不清楚是因为自己考了高分，妈妈才表扬自己，还是因为自己努力学习，妈妈表扬自己。因此，在表扬孩子的时候，一定要具体到某个点上，比如，孩子考试成绩有所进步，可以表扬孩子"这段时间认真学习，所以考试成绩进步不少，妈妈很开心你能通过自己的努力获得这样的好结果"。妈妈的表扬如果能够具体，那么孩子不仅能感受到来自妈妈的爱，更愿意接受妈妈的教育理念和方法。

妈妈带娃解读

赫洛克效应应用于亲子教育方面，最主要的意义是通过父母对孩子的肯定，提升孩子的自主学习力，让孩子主动去付出努力。妈妈在教育孩子的过程中，可以运用赫洛克效应来培养孩子的自信心和上进心。

罗森塔尔效应：如何让孩子自强

罗森塔尔效应又被称作皮格马利翁效应，是由美国著名心理学家罗森塔尔和雅格布森提出来的，其主要说的是人类通过某种情感产生的知觉而形成的期望，能够让情感适应这种期望的一种效应。在情感适应期望的过程中，期望者会产生一种比较强烈的心理暗示，通过心理暗示，能让被期望者的行为达到其预期的效果。

妈妈可以运用罗森塔尔效应来教育孩子，让孩子相信心中希望成为哪种人，自己就可以成为那样的人。妈妈要让孩子相信自己有能力得到自己想要的，即培养孩子的自信心。

每位妈妈都期望自己的孩子是优秀的，对孩子充满了期望和期待，妈妈的这些期待可能会用语言来表达，也可能通过行为去进行表达。归根结底，妈妈对孩子的期待是一种心理暗示。当孩子感应到来自妈妈的心理暗示时，他们更愿意去朝着妈妈的期望努力，从而孩子会变得更加自立自强。

妈妈在教育孩子的过程中，要通过自己的语言和行动让孩子感知到我们的期待，不仅如此，更要满怀期望地去激励孩子，让孩子学会自立自强。罗森塔尔效应要求妈妈多给孩子一些积极的心理暗示，让孩子勇敢地去面对困境，从而实现孩子自己心目中的目标。

妈妈带娃实例

郑晓晓的儿子很调皮，不是和楼下的小朋友打架，就是欺负班里的女同学。郑晓晓知道儿子犯错后，每次都是对儿子一顿打骂。在生活中，儿子无论做什么事情，她都觉得他是在故意捣乱。一次，她下班回来得比较晚，儿子一直担心她的安全，便没有睡觉，一直等到晚上11点她回到家，郑晓晓不但不觉得感动，反而冲儿子喊道："这么晚不睡觉，明天你不用上学吗？"儿子很失望，从那之后他很少找郑晓晓交流，每次放学回家，总是一头扎进自己的房间。

学校组织一场亲子活动，郑晓晓也去参加了，儿子被选为这场亲子活动的主持人。在舞台上，儿子表现得信心十足，并且老师夸赞说儿子很有主持表演天赋。郑晓晓没想到，自己心目中调皮捣蛋的儿子，竟然也有这么优秀的一面。

回到家，郑晓晓开始反思自己，她开始试着发现儿子的优点，当她发现儿子能够认真地将衣服洗干净时，她夸赞儿子长大了，能够照顾自己了；当儿子将路上的垃圾捡起来放进垃圾桶时，她夸赞儿子懂得保护环境。逐渐地，郑晓晓发现儿子在家里的话也多了起来。不仅如此，在期末考试前的半个月，儿子很担心自己考不好，郑晓晓对儿子说："妈妈相信你，你最近学习很认真，妈妈认为只要你尽力去学了，结果并不那么重要。"听了郑晓晓的话，儿子学习更加努力，最终儿子期末考试竟然考了班里第一名。

妈妈教育孩子的时候，应该看到孩子身上的优点，每个孩子身上都有闪光点，只是看妈妈是否长了一双发现孩子优点的眼睛。妈妈要给予孩子鼓励，帮孩子建立积极的心理暗示，只有这样，当孩子遇到困难时，他才能勇敢地面对眼前的挫折，做自己想要做的事情。妈妈在帮助孩子建立自信的过程中，应巧妙运用心理暗示，让孩子认识到自己的优点，这对孩子来讲也是一个自我认知的过程。

妈妈带娃妙招

在生活中，每个人都希望与其他人建立相互信任和关爱的情感关系，尤其是在教育子女方面，妈妈更希望通过自己对孩子的教育，让孩子感受到来自家庭对他的支持。在教养的过程中，妈妈要善于通过心理暗示来引导孩子，从而让孩子懂得如何自己处理问题。

那么，在生活中，妈妈要如何利用罗森塔尔效应来教育孩子，让孩子变得自强呢？

1.肯定孩子的成绩，给孩子足够的信心

心理学家研究发现，当两个人面对同一个挑战，信心充足的人更加容易取得成功。妈妈教育孩子的过程中，尽量不要对孩子说"这么简单的问题，你竟然都做不好""你真笨"等，这类具有强烈打击性的语言，这些话往往会让孩子感觉自己一无是处，更不利于孩子自信心的形成。当孩子缺乏自信的时候，他们是不会自主、自强地去面对困难的。

2.营造氛围，尽可能地为孩子创造获得成功的条件，从而激发孩子的成就感

心理学家曾经做过一个实验，他们让一群年龄相仿的孩子做纸飞机，然后从同样高度的楼上抛下去，谁的飞机飞得远，谁就算成功。前一天，心理学家对其

中一个孩子给予了鼓励，并告知他的父母，让父母多给予孩子鼓励和赞美。在第二天的飞机比赛中，这个被鼓励的孩子做的纸飞机飞得最远。

通过这个实验，心理学家发现决定一个人成功的因素不仅仅是智商和遗传因素，氛围和鼓励也是十分重要的。因此，妈妈在教育孩子的时候，一定要给孩子创造良好的学习氛围，让孩子获得更多通往成功的途径，从而激发孩子的成就感，让孩子更加自信自强。

3.避免错误归因

很多妈妈总是指责孩子的缺点，久而久之，会让孩子产生错误的归因。我们以学习为例，孩子会认为自己之所以学习不好，是因为自己不够聪明，自己不聪明自然记不住知识，最终导致自己的学习成绩差。这种错误归因多半是因为妈妈在教育孩子的过程中，没有给予孩子正确的原因分析，更没有去鼓励和赋予孩子正能量的心理暗示，这才让孩子变得懦弱、自卑。

妈妈带娃解读

罗森塔尔效应在教养过程中的应用多倾向于妈妈对孩子心理的激励，同时，妈妈在教养孩子的过程中，要学会帮孩子建立积极的心理暗示，尤其是在孩子面对挫折的时候，孩子要有勇气自我激励，同时要有信心去战胜困难。当孩子学会自我鼓励、自我激励之后，才能真正变得自信、自强。

习得性无助：了解孩子"惧难"的原因

　　美国心理专家赛利格曼曾经用动物做过一个实验，他将狗关在笼子里，并放置一个蜂鸣器，只要蜂鸣器一响，便用电击笼子里的那条狗，狗关在铁笼子里根本逃避不了电击，它痛苦得只能撞击笼子，并发出凄厉的叫声。经过多次实验之后，赛利格曼将笼子打开，再打开蜂鸣器，蜂鸣器一响，狗不但没有从笼子里跑出来，反而直接卧倒在地，开始哀鸣，似乎在等待电击的来临，这就是"习得性无助"理论的由来。

　　通过上述这则实验，可以发现因为狗经历了重复的电击，它变得任人摆布，不懂得反抗。运用到人身上，如果一个人频繁地在某个事情上出现失误或失败，等到他再次遇到同类事情时，他便会放弃努力，任由事情向坏的方向发展，甚至怀疑自己的能力，自卑地认为自己"做什么都不行"。

　　对于妈妈来讲，在教育孩子的时候，如果发现孩子出现绝望、无助的时候，不妨分析孩子产生绝望和无助的原因是什么。只有帮助孩子找到原因，才能帮助孩子摆脱"习得性无助"，从而直面困境。

妈妈带娃实例

赵萌萌的女儿已经上五年级了，女儿的学习成绩不是太好。因为学习的事情，赵萌萌经常会吼女儿，但是女儿画画很好，对于这点赵萌萌还是感到比较骄傲的。

赵萌萌在家里脾气比较火爆，不仅如此，她喜欢替女儿做决定，如果女儿做了与自己观点不符的决定，赵萌萌就会很生气，最终逼迫女儿按照自己的选择去做事情。

这天，赵萌萌所在的市区要举办一次绘画比赛，赵萌萌想让女儿也参加，但是女儿上了五年级，眼看就要升六年级了，她又害怕因为绘画比赛耽误女儿的学习。这次，赵萌萌也不知道如何做选择了，她便问女儿要不要参加绘画比赛。

女儿内心其实是希望参加这次绘画比赛的，但是她却不敢告诉妈妈，她怕说出来之后，妈妈会责怪自己。于是，她对妈妈说："您让我去参加比赛我就去，您不让我参加比赛我就不去。"

赵萌萌听了女儿的话很生气，指责女儿道："你自己的事情为什么自己不做选择，你到底想不想参加比赛？"

女儿委屈地说道："我想不想去重要吗？以前所有的事情不都是您帮我决定的，我说想参加比赛，您肯定会骂我时间不花在学习上。"

听了女儿的话，赵萌萌似乎明白了什么，她心想是不是平时自己责备孩子太多了，导致孩子不敢做选择。于是，她稳定了一下自己的情绪，然后对女儿说道："妈妈知道你喜欢画画，如果你想参加比赛，妈妈就替你报名。如果你不想参加，妈妈也不逼迫你。相信妈妈，这次妈妈肯定不责备你。"

女儿听了赵萌萌的话似乎有些惊讶，然后小声地说道："我想参加，但是我怕自己画得不好，拿不到名次。"

赵萌萌接着说道："你就当这次绘画比赛是一次锻炼的机会，不管你画得怎么样，妈妈都不会再责备你了。"

"那我想试一试。"女儿边说边用坚定的眼神看着赵萌萌。

听了女儿的话，赵萌萌决定给女儿报名，让她参加比赛。不仅如此，从这次之后，赵萌萌学会了控制自己的情绪，不再无缘无故地责备女儿了，她变得十分有耐心。慢慢地赵萌萌发现女儿变得有主见了，在学习上也更加努力了。

妈妈带娃妙招

妈妈总是希望自己的孩子能够勇于面对困难，而孩子可能因为某些原因变得唯唯诺诺、没有主见。当妈妈发现自己的孩子不敢直面困境、做事情唯唯诺诺、不敢勇往直前时，不妨分析一下孩子害怕困难是因为什么，找到原因才能帮孩子重拾信心和勇气。

1.不良状态的长期沉淀

"习得性无助"往往会让孩子产生绝望、无助之感，而这些消极心理的产生，多半是因为孩子长期处在一个不健康的状态中。就以孩子的学习为例，如果孩子在小学时成绩比较好，但进入初一，成绩开始下降。孩子本身学习很刻苦，经过一年的努力，他发现自己在班级的名次没有提升，仍然在中间徘徊，进入初二，孩子还很努力，但是一年下来，名次上仍然没有大幅度上升。一直到中考的时候，因为失误等原因，孩子的中考成绩十分不理想，经过接二连三的打击，再加上妈妈对孩子不够关注，在孩子考试成绩差的时候，妈妈只知道批评孩子不认真学习，从来不鼓励孩子，也不安慰孩子。最终，孩子就出现了"破罐子破摔"

的情况，妈妈要求孩子在高中阶段提升学习成绩，孩子可能会有"我就算努力，成绩也提高不上去"的自暴自弃的心理。应对孩子因为长期沉淀在不良状态中而产生的"畏难"心理，妈妈要尽早发现，多给孩子做心理引导，帮助孩子重拾信心。

2.妈妈不恰当的评论，导致孩子"畏难"

在孩子兴致勃勃地去做某件事情的时候，妈妈可能会觉得孩子的行为太过"幼稚"或认为孩子是在"无理取闹"，因而去批评孩子。久而久之，孩子会失去探索新鲜事物的能力，甚至会对新鲜事物或新环境产生恐惧心理。

妈妈不恰当的评价导致孩子不敢面对挫折，面对这种原因，妈妈首先需要改变自己评价孩子做事情的方式，减少使用负面词汇，多用一些积极的、认可性的词汇。

3.夸大对困难的认知

有些妈妈为了让孩子意识到犯错的危害性，会夸大犯错的后果。这样，孩子在面对困难时，内心会产生错误的认知，甚至会对结果产生惧怕心理。久而久之，孩子在遇到困难时，他们的内心总是在思考失败的后果，根本不敢去尝试解决困难。

面对孩子因为认知错误而产生"畏难"的情况，妈妈要做的就是为孩子展示真实的事态，避免孩子产生恐慌的心理。

妈妈带娃解读

孩子习得性无助主要表现在消极地对待生活中发生的事情，尤其是在困难面前，他们根本没有意志力去战胜挫折。不仅如此，孩子还会十分依赖他人的建议与决策。如果妈妈发现孩子有类似的情况发生，不妨首先分析孩子出现这种情况的具体原因，然后帮助孩子做出改变。让孩子认识到自己的能力，帮助孩子重拾信心。

挫折教育，帮孩子摆脱"游戏瘾"

想必很多妈妈最不喜欢的事情就是孩子玩电子游戏，最让妈妈担心的是孩子玩游戏上瘾。在生活中，我们发现有些孩子在玩游戏的时候十分专注，能够全身心地投入到游戏中，但是孩子这种专注的状态却无法持续到学习中。如何帮孩子戒掉"游戏瘾"，这是困扰许多妈妈的难题。

对于很多妈妈来讲，他们舍不得孩子去做任何事情，因此，孩子的承受能力变得很差，内心变得十分脆弱。因此，妈妈帮助孩子摆脱游戏瘾最直接的办法就是对孩子进行挫折教育。

什么是挫折教育？从字面意思来分析，很多妈妈认为挫折教育就是让孩子多经历一些苦难，从而提升孩子的抗挫折能力，或者是要随时敲打孩子，不要让孩子变得过分自信或盲目自大。然而，真正的挫折教育不是单纯地让孩子感受失败或承受失败，而是激发孩子与挫折、困境进行斗争的精神，激发孩子内在的潜能，促使孩子掌握知识和抵抗挫折的一种能力。

妈妈带娃实例

儿子晨晨已经10岁，每次放学第一件事情就是玩游戏，虽然作为妈妈的张璐知道玩游戏对孩子不好，但是儿子已经养成了习惯，如果打扰或者阻挠他玩游戏，晨晨就会大发脾气。不仅如此，晨晨爱玩的游戏是大型的网络游戏，他将自己的零用钱都用来购买游戏里的道具。

张璐也知道儿子这么沉迷网游对学习很不利，但是她也不敢去管教晨晨，害怕晨晨做出过激的行为。无奈之下，张璐只能将晨晨的情况告诉一位儿童心理咨询师，希望这位儿童心理咨询师帮儿子戒掉"游戏瘾"。

儿童心理咨询师告诉张璐，首先要让晨晨知道钱来之不易，然后通过挫折教育让晨晨知道把父母的钱花在游戏上是不对的，这样才能改掉晨晨的坏习惯。

周末，张璐带儿子去了自己的工作单位，她告诉儿子自己每天都要写很多资料，才能拿到一天300元的薪水，而儿子买游戏装备动不动就要几百元，这需要张璐辛辛苦苦工作两三天才能够赚那么多钱。

晨晨看到妈妈的工作如此辛苦，内心有些触动。紧接着，张璐对儿子说："如果你想要玩游戏买装备，妈妈也不管你，但是钱需要你自己去赚，比如你可以捡矿泉水瓶子来卖，卖的钱你愿意买什么就买什么。"儿子听了妈妈的话，决定去捡矿泉水瓶，张璐陪儿子捡了一天的矿泉水瓶子，最后只卖了四块钱。晨晨又累又饿，他看着手里的四块钱，意识到赚钱原来如此辛苦。

从那之后，晨晨不再跟妈妈要钱去买游戏装备，逐渐地连游戏也很少玩了。

在生活中，很多妈妈因为孩子爱玩游戏而烦恼，她们不知道如何去劝说孩

子，让孩子放弃玩游戏，也不知道怎样做能让孩子变得听话。其实，当孩子在经历过挫折和苦痛之后，他们才会意识到自己的生活是多么的安逸和舒服。带孩子走出舒适区，让孩子感知生活的不易，孩子才会明白自己身上的责任是什么，他们才愿意主动放弃毫无"营养"的游戏。

妈妈带娃妙招

妈妈要让孩子经受挫折，就要做好挫折教育的充足准备，在为孩子设定"挫折"之前要认真思考，究竟想要让孩子通过挫折获得什么、学到什么。妈妈不妨从以下几方面来对孩子进行挫折教育。

1.妈妈要向孩子灌输挫折教育的思想

在生活中，妈妈可以告诉孩子遇到挫折是常有的事情，从而让孩子做好充足的心理准备，孩子不至于在遭受挫折时变得束手无策。提前向孩子灌输挫折存在的思想，能够提升孩子的心理预期，当孩子真正遇到挫折时，才能够表现得镇定自若。

2.妈妈适当地为孩子制造挫折

在生活中，很多妈妈总是想尽办法为孩子减少挫折，希望孩子的人生经历都是一帆风顺的。而过于平顺的生活不利于孩子建立竞争意识和危险意识。所以，孩子该经历的挫折必须去经历，在必要的时候，妈妈可以适当地为孩子制造挫折，锻炼孩子的承受力和忍耐力。需要注意的是，给孩子制造挫折的目的是让孩子建立"挫折意识"，而不是为了为难孩子。

3.妈妈要让孩子正确地看待挫折

在孩子眼里，挫折就是困难，是很难完成的事情。很多孩子从心底里并没有意识到自己需要面对挫折，甚至认为挫折就是不好的事情。妈妈要让孩子意识到挫折存在两面性，一方面它会阻碍孩子成功；另一方面它能锻炼孩子的意志力和耐力，从长远来看，经历挫折未必是一件坏事。因此，当孩子正确认识到挫折的两面性时，他们会放平心态，能够以豁达的态度对待遇到的困难。

妈妈带娃解读

在生活中，我们经常会听到"性格决定命运"这句话，对于孩子来讲，性格的确是决定孩子成败的关键因素，而孩子的性格受到家庭的后天影响。妈妈对孩子进行挫折教育，让孩子理解挫折的意义，这样才能够帮助孩子构建良好性格。

自主选择，让孩子将兴趣坚持到登峰造极

一位妈妈说："我从小就喜欢舞蹈，但是当时家庭条件不好，没钱学舞蹈，现在经济条件好了，我必须让我的女儿去学舞蹈。"在生活中，这样的妈妈是不是很常见？因为自己梦想的缺失，便想要让孩子帮自己弥补儿时的遗憾，这或许是很多妈妈帮孩子选择兴趣班的理由。还有一种妈妈则是单纯地站在自己的角度，自己认为学某项兴趣对孩子成长有帮助，便会要求孩子去学那项技能，根本不关心孩子是否喜欢。如果你也是这样想的，那么你不妨问问自己，孩子真正感兴趣的是什么？有些妈妈经常会说："我认为我的孩子喜欢舞蹈、画画。"而这些只不过是妈妈"认为"的，孩子到底喜不喜欢舞蹈和画画，恐怕只有孩子自己知道。

孩子随着成长，对外界事物已经有了初步的认知，同时，随着社会的发展，孩子的个性也越来越鲜明，他们很清楚自己喜欢什么、想要学什么、不想学什么。因此，在孩子做自己感兴趣的事情这方面，妈妈应该遵从孩子的意愿，让孩子自主选择。

妈妈习惯以孩子年龄小为借口，认为孩子根本不知道选择的是对是错，也不知道自己究竟喜欢什么，更不知道做怎样的选择是对的。其实孩子在六岁以后，便能够表达自己的愿望和兴趣，妈妈要做的不是替孩子做选择，而是给孩子自己选择兴趣爱好的权利，让孩子为自己的选择负责到底。

妈妈带娃实例

也许是住在一个小区的原因，朋友的女儿琪琪经常会来我家玩，因为我的孩子在学游泳，所以经常会跟琪琪讲述关于游泳的一些事情。琪琪表现出强烈的好奇心。我问琪琪平时喜欢做什么，她说："我妈给我报了舞蹈班、音乐班，但是我一点儿也不喜欢。"

"那你对什么感兴趣呢？"我好奇地问道。

"我喜欢游泳，我还想学打乒乓球。"琪琪继续说道，"但是妈妈不让我学这些。"

我很好奇为什么朋友不让自己的女儿学她感兴趣的，琪琪说她的妈妈认为这些没有用。

这天我恰巧碰到琪琪的妈妈，我问她："听琪琪说她喜欢乒乓球和游泳，你给她报兴趣班了吗？"

"一个女孩子学什么乒乓球啊？我给她报了舞蹈班。"她笑着说道。

"那孩子愿意学吗？"我问道。

"每次去学舞蹈都是逼着去的。"朋友抱怨道。

"孩子有自己的兴趣爱好，她不喜欢学舞蹈，为什么逼她学呢？"我追

问道。

"孩子还小，她哪儿知道喜欢什么不喜欢什么，开始不愿意学，以后慢慢地就愿意了。"她解释道。

"我觉得你应该听听孩子的观点，其实让孩子学习自己感兴趣的事情，反而能让孩子更容易实现成功。"我劝说道。

几周之后，她带琪琪来我家玩，琪琪高兴地对我说道："阿姨，我现在也开始学游泳了，我学得很快，现在已经学会了。"

对于孩子来讲，他们只有在做自己感兴趣的事情时，才愿意主动地付出努力，也才能从兴趣中体会到快乐。因此，妈妈要给孩子一定的选择权，让孩子有机会去选择自己的兴趣爱好，并且通过兴趣让孩子获得更多的成就感。

妈妈带娃妙招

让孩子自主选择兴趣爱好，孩子会感受到来自妈妈的尊重。可是很多妈妈会担心，如果孩子一时兴起，选择兴趣爱好之后无法坚持学下去，该怎么办？其实，要想让孩子将兴趣爱好转化为特长，这个过程是离不开妈妈的鼓励和正确引导的。

在生活中，妈妈要如何给孩子自主选择兴趣的权利，并让孩子将兴趣爱好坚持到底呢？

1.将突发兴趣转变为长久兴趣

妈妈会发现随着孩子的成长，他们的兴趣是会发生改变的。今天孩子说想要学绘画，明天孩子可能又对钢琴感兴趣。孩子会因为好奇对某些事情感兴趣，正是因为孩子具有强烈的好奇心，妈妈才更要学会帮助孩子将突发的兴趣转变为长久兴趣，而转变的过程便是和孩子一起探索兴趣包含的趣味性的过程。比如，孩子对绘画感兴趣，在孩子学习了一段时间之后，孩子对绘画有了初步的了解，孩子可能会对画画失去好奇心，这个时候孩子很可能想要放弃，此时妈妈不妨利用节假日带孩子去看看画展，让孩子真切地感受来自美的享受和冲击，从而让孩子建立长期的目标，用目标来驱动孩子的兴趣之火永不熄灭。

2.提前制定规矩

在孩子意愿强烈地对我们说"妈妈，我要学跆拳道"时，你要很认真地问孩子："我让你学可以，但是你能坚持学下去吗？"如果孩子答应了，那么就需要妈妈跟孩子提前制定一些规矩，孩子在学习的过程中，一旦想要放弃，那么我们完全可以用早早制定好的规矩去约束孩子，让孩子坚持继续学下去。

3.提前剧透孩子感兴趣的内容

很多孩子会对某项事物产生兴趣，比如，当孩子表示对某项运动感兴趣时，妈妈可以很认真地给孩子讲解这项运动，并提前告知孩子在学习这项运动中，可能会遇到哪些困难。如果孩子坚持学习，那么在孩子遇到这些困难时，他们心里因为有了预期，放弃的概率便会降低。妈妈提前剧透兴趣项的相关内容，是让孩子将兴趣坚持下去的一种有效手段。

妈妈带娃解读

爱因斯坦说过一句名言：兴趣是最好的老师。现如今很多妈妈对孩子的"全素质"教育越来越看重，尤其注重培养孩子的兴趣爱好，她们不仅希望让孩子拥有一技之长，更重要的是让孩子在未来的生活中，可以享受兴趣爱好带来的欢乐。因此，妈妈要尊重孩子的选择，不要将自己的意愿强加给孩子。

理性应对孩子的厌学情绪

你的孩子是否存在厌学情绪？要想知道答案，那么妈妈不妨对照下面的这些表现，了解一下自己的孩子是否存在厌学情绪：

1.学习被动，不催促不去主动学习；

2.孩子只要开始学习就没有精神，唉声叹气，两眼无光；

3.孩子经常抱怨"学习很无聊，没意思"；

4.孩子在课堂上不认真听讲，甚至有逃课的现象；

5.孩子经常抄别人的作业；

6.孩子上学期盼放学，放学之后只想玩耍、玩游戏、逛街、看电视；

7.孩子一看书就发呆，写作业总是磨磨蹭蹭；

8.考好考坏孩子都不在乎，也不去努力。

如果你的孩子有以上八种表现，那么可以肯定你的孩子已经出现了厌学情绪。作为妈妈，我们很清楚一旦孩子出现厌学情绪，就意味着孩子对学习失去了兴趣，甚至是从内心抵触学习，这是孩子学习过程中最大的忌讳。

面对孩子厌学，很多妈妈束手无策，甚至有些妈妈会采取暴力措施，逼迫孩子去上学或继续学习，而有些妈妈则听之任之，任由孩子"自由生长"。要知道妈妈的这些举动和态度对孩子改变厌学情绪是没有帮助的。

妈妈带娃实例

唐丽雅的儿子已经上小学四年级了，但是她发现儿子对学习越来越不上心。老师在课上讲了的知识点，儿子不能很好地理解，不仅如此，孩子放学回家第一件事就是打开电视看动画片。唐丽雅问儿子在学校都学了什么，儿子则不耐烦地回答："每天上课老师讲的都是课本上的知识，你不知道吗？"

唐丽雅希望儿子先写作业再看电视，儿子则很生气地将自己反锁在屋里，任凭唐丽雅如何敲门，儿子都不肯出来。面对孩子抵抗学习的情绪，唐丽雅生气地冲儿子吼骂了一顿。面对唐丽雅的吼骂，儿子只是哭泣。之后，唐丽雅发现自己的吼骂对孩子根本起不到作用，相反，儿子的厌学情绪越来越严重。

就这样过了一年，儿子上了五年级，唐丽雅发现儿子的成绩越来越差，这让她感到很苦恼。唐丽雅决定和儿子好好沟通一次，这天儿子放学回家，她没有逼迫儿子去写作业，而是坐在儿子对面问："宝贝，你上五年级了，眼看小学就毕业了。你对你以后的生活有没有什么规划呢？"

儿子不耐烦地说道："我能有什么规划呢？上完小学上初中。"

唐丽雅继续问道："你想上初中吗？"

"我不想上学。"儿子直接回答。

"为什么？是因为上学太累了吗？"唐丽雅问道。

"那倒不是重点。"儿子停顿了一下继续说，"关键是我的学习成绩差，您老骂我。"

唐丽雅似乎意识到什么，继续说道："如果你不想上学，妈妈也允许你不上学，那你打算做什么？"

"我也不知道。"儿子想了一会儿回答道。

"因为你学习态度不积极，妈妈经常冲你发火，这是妈妈不够理智，以后妈妈会控制自己的情绪。"唐丽雅说道，"但是儿子，你现在还未成年，除了学习还能做什么呢？出去找工作？要知道妈妈是大学本科毕业，妈妈的工作尚且这么辛苦，可想而知，你小学没毕业能找到什么样的工作呢？暂且不说找工作，就说在家里玩，即便妈妈允许你在家里玩，你也知道暑假一个多月，没过多久你都觉得无聊，还常常说想你们班同学，如果一年又一年的让你在家待着，你真的会觉得开心吗？"

儿子听了唐丽雅的话陷入了沉思，唐丽雅说道："你现在也长大了，对于学习的重要性，妈妈不想多说了，以后妈妈尽量控制自己的情绪，不去吼骂你。至于学习是你自己的事情，你如果还想要像以前那样，恐怕你也考不上初中，到那个时候后悔就晚了。"

通过这次与儿子深谈之后，唐丽雅发现儿子对待学习这件事情似乎发生了改变，每次放学回家，他竟然开始主动去写作业，周末也不着急出去乱跑了，而是在家复习前一周学习的内容。

妈妈带娃妙招

妈妈在发现孩子出现厌学情绪之后，究竟要做些什么呢？这是很多妈妈都想知道的，下面几个方法对你或许会有些许帮助：

1.激发孩子的自主学习意识

妈妈在发现孩子存在厌学情绪之后，常常会逼迫孩子去学习，认为只要逼着孩子学，孩子就会有进步。其实，这样做的结果反而会让孩子更加抗拒学习。妈妈不妨想办法激发孩子自主学习的意识，让孩子感知到学习带来的乐趣，比如，可以将一些知识运用到实际生活中，深化学习对孩子生活的影响。

2.不以分数论成败

孩子出现厌学的情绪，很大一部分原因是妈妈总是盯着孩子的分数，无形中给孩子制造了压力。因此，在面对孩子学习这件事情上，妈妈不能表现得只关心孩子的分数，更不要因为一次考试成绩不理想而去责备孩子。

3.积极为孩子搭建能够表现他们特长的平台

每个孩子都有自己擅长做的事情和不擅长做的事情，因此，在教育孩子的过程中，妈妈不妨多发现孩子的优点，然后让孩子能够在优势上获得成就感。比如，孩子擅长演讲，便可以让孩子参加一些演讲比赛，从而让孩子获得成就感。

4.要适当降低对孩子的期望

妈妈要知道"第一"只有一个，而努力是每个孩子都可以做到的。我们应了解孩子学习的困难所在，从而帮助孩子制订切实可行的学习计划，并让孩子为此而努力。而不是一味地要求孩子获得"第一"的称号，这无形中会给孩子增加压力，当孩子压力太大的时候，他们便会选择放弃。

妈妈带娃解读

孩子在求学阶段很容易出现厌学心理，这并不少见。妈妈要冷静地对待孩子的厌学情绪，不要急于去批评和指责孩子，更不要用一些责备的话

语去刺激孩子，否则妈妈会发现孩子的厌学情绪会越来越严重。理性地对待孩子的厌学情绪，找到孩子厌学的原因，才能从根本上解决孩子厌学的问题。

第七章

好习惯靠打磨，
别放任孩子的坏行为

习惯分好与坏，好习惯能让孩子在成长的道路上少走弯路，而一个小小的坏习惯可能会酿成大祸。因此，妈妈不要忽视孩子任何一个坏习惯的形成，更不要低估好习惯的作用。孩子习惯的形成是需要时间的，智慧的妈妈会通过时间的磨练，让孩子形成正确的学习、生活习惯，帮助孩子阻止不良习惯的产生。

爱孩子，不是任由他吃喝玩乐

相信天下没有妈妈不爱自己的孩子，但是在爱孩子这件事情上，并不是每个妈妈都能做得恰到好处。很多妈妈认为只要孩子开心，想玩就玩，想做什么就任由他们去做，这样的教育方式对孩子真的好吗？

作为妈妈，在陪伴孩子的过程中，你是否也经常会允许孩子边吃饭边看电视，或者允许孩子边玩边学，或许你认为这只是一件小事，但这绝对不是好的生活习惯。不仅如此，有些妈妈在日常生活中，为了讨孩子"欢心"，会放任孩子玩电子游戏，于是孩子整天抱着手机，电子游戏成了孩子的最爱。妈妈觉得只要孩子不吵不闹，便可以任由孩子做自己喜欢做的事情，殊不知这样是在将孩子推向另一个深渊。

孩子的自制力很差，这与孩子的年龄有关，同时也与家长的教育方式有关。妈妈要意识到在日常生活中，不能放任孩子的坏习惯不管，否则会影响孩子自制力的培养。当孩子拥有了足够强大的自制能力后，他们也会进行自我克制，避免养成坏习惯。

妈妈带娃实例

在报纸上有这样一则报道：

江苏有一个上小学一年级的孩子，他因为偷窃被邻居抓住，并送进了警局。原来，这个孩子是一个"惯偷"，上幼儿园的时候，就经常偷拿其他小朋友的橡皮和铅笔，而他的妈妈不觉得这有什么大不了的，而是放任孩子去拿别的小朋友的东西，甚至还会以此为傲，认为孩子"聪敏"。

渐渐地，孩子上了小学，他已经不能满足于偷别人橡皮、铅笔带给他的"快乐"了，他开始打邻居家超市的主意。

他的邻居在小区里开了一家小型超市，里面的东西也是应有尽有。小男孩每天放学都会去超市逛逛，刚开始的时候，他会趁人多偷拿一块糖果，回家还会将吃剩下的糖果给妈妈吃，而他的妈妈丝毫不觉得孩子的行为有什么不妥，反而觉得孩子还小，吃别人一块糖是很正常的事情。随后，邻居发现这个小男孩经常来店里转悠，偷偷拿饼干。于是，邻居训斥男孩偷吃饼干的行为，并将这件事情告诉了男孩的妈妈，男孩的妈妈却认为邻居"小气"，孩子只是拿了一块饼干而已，不至于这样大惊小怪的。

这天，小男孩看收银柜台无人，便钻进了柜台，偷偷拿走了抽屉里的1000元钱。当然，这件事情被邻居发现了，邻居将小男孩直接带到了警察局。小男孩的妈妈来到警局之后，她还不相信自己的孩子偷钱。在面对孩子偷钱的事实时，这位妈妈说："孩子平时也就是拿块糖，拿袋饼干，从来不拿别人的钱。"她根本没有意识到是自己的纵容，让孩子养成了偷窃的坏习惯。

妈妈带娃妙招

孩子存在一些"小缺点"是在所难免的，如果我们一味地纵容孩子，"小缺点"就如同滚雪球一样，变成坏习惯，甚至会毁了孩子的一生。或许有些妈妈会说，孩子已经形成了坏习惯，这个时候妈妈要如何去做呢？

1.摆正心态，懂得纵容的危害

我们给孩子自由，这并不等于我们可以放纵孩子不管。如果只懂得满足孩子的需要，不懂得纠正孩子的错误，那么显然这样的家庭教育是不合格的。

妈妈可以满足孩子一时的要求，但不可能照顾孩子一辈子，当孩子贪欲越来越大之后，会不择手段地要求父母去满足自己的愿望。所以妈妈要认识到纵容孩子的后果是什么，从而摒弃"孩子还小，他想要什么我就给他什么"的思想，否则，孩子一旦养成坏习惯，就很难改掉了。

2.违反底线的事情，直接拒绝，并限制孩子的物质欲望

拒绝孩子的要求可能会让孩子感到不悦，但是并不是让孩子开心的事情都值得妈妈去做。比如，孩子说不想去上学，妈妈一定要严肃地拒绝孩子的要求。当孩子看到妈妈的态度十分坚定，自然他们也会放弃自己错误的思想。妈妈要敢于拒绝孩子，不要害怕孩子经受不起自己的拒绝。

从另一方面来讲，人的物质欲望是无止境的，我们在孩子很小的时候就要控制孩子的物质欲望。孩子提出正当合理的需求时，我们可以慷慨地满足孩子，让孩子感受到来自妈妈的爱。但是对于不必要、不合理的要求，我们一定要学会对孩子说"不"，耐心地向孩子解释，让孩子知道不能满足他们的原因。

3.让孩子尽量多地参与到生活细节中

一个只知道吃喝玩乐的孩子，往往很少参与到家庭生活细节中。他们只知道

衣来伸手、饭来张口，根本不能够体验到饭是如何做的、衣服是如何洗的。这个时候作为妈妈不妨让孩子参与到生活细节中，让孩子体验"吃喝玩乐"背后的艰辛，让孩子知道自己所能享受到的生活是父母通过辛勤劳动换来的。

妈妈带娃解读

对孩子过分纵容，无疑是在摧毁孩子的人生。妈妈要爱孩子，但不能纵容孩子只知道"享乐"，更要让孩子体验到生活中的"坚持""辛苦"。当孩子想要无限制的享受时，妈妈要懂得让孩子有意识地自我节制。带孩子感受生活的酸甜苦辣，这也是帮助孩子建立良好习惯的一种方式。

日事日清表：一切皆有计划

"妈妈，今天我不想写作业，明天再写可以吗？""妈妈，今天我不想洗头，明天再洗吧？"在生活中，你是否经常会听到孩子这样对你抱怨？其实对于孩子来讲，他们需要建立时间观念，需要了解自己在什么时间该做什么事。

很多时候，孩子并不清楚自己一天之内要做什么事情，这就需要妈妈帮助孩子做好规划，让孩子一目了然地看到自己需要做的事情。因此，妈妈要帮助孩子制定日事日清表，让孩子养成"今日事，今日毕"的好习惯。

很多妈妈可能会抱怨，即便给孩子制订了计划表，孩子也不会按照计划表去完成自己当日的任务的。其实，孩子的自控力很差，需要妈妈进行督促，如果孩子不按照计划表进行，这个时候就需要妈妈进行干预了。当然，在妈妈制订计划表之前，需要孩子参与进来，日事计划表需要得到孩子的认可，只有这样孩子才会愿意按照计划去做。

很多时候，妈妈制订计划表时，自己也需要参与其中，比如要避免孩子长时间看电视或者玩手机，这个时候可以为孩子制定活动游戏，而游戏的过程就需要妈妈参与其中。因此，妈妈一定要配合孩子完成一系列的计划，保证孩子的计划不会延误。

妈妈带娃实例

希希的儿子连续三年都是年级第一名，很多妈妈好奇究竟是怎样的妈妈才能教育出如此优秀的孩子。希希说自己只是帮助孩子养成了"今日事，今日毕"的好习惯，下面是希希帮助儿子制订的日计划表：

时间	事项	完成情况	注意事项
7：10-8：00	起床、洗漱、早餐	按时完成	起床后需要叠被子
8：00-8：25	去学校	按时完成	
8：30-11：40	上课	按时完成	
11：40-12：05	回家	按时完成	
12：05-12：30	午饭	按时完成	
12：30-12：40	自由活动	按时完成	
12：40-13：20	午休	按时完成	
13：20-13：55	收拾、去学校	按时完成	
14：00-17：40	上课	按时完成	
17：50-18：20	放学回家	按时完成	
18：20-18：50	晚餐	按时完成	
18：50-19：00	自由活动	按时完成	
19：00-20：00	写作业	按时完成	

续表

时间	事项	完成情况	注意事项
20：00-20：40	游戏时间	按时完成	不能玩手机
20：40-21：10	练习绘画	按时完成	
21：10-21：30	洗漱、上床睡觉	按时完成	

　　每天希希都会给孩子制订详细的计划，并且要求孩子在当天完成。每次孩子完成之后，她为了鼓励孩子，会在计划表上粘贴一个奖励贴纸。对于孩子没有完成的项目，希希会和孩子一起分析原因，帮助孩子找出自身的不足，如果计划表时间节点制订得不够合理，那么希希也会根据自己的完成情况来完善计划表。

妈妈带娃妙招

　　妈妈在帮助孩子制订日计划表时，究竟要注意哪些细节问题呢？

1.计划表要切实可行

　　很多时候，妈妈的计划是完美的，但是却不切合实际。比如，在一天之内安排过多的事项要做，又比如在很短的时间内，要求孩子完成较多的工作。这都是不切合实际的，对于孩子来讲也是不科学的。不切合实际的计划，即使做得如何尽善尽美，孩子也是无法完成的，那么也就无法达到我们预期的效果。

2.结合孩子的承受能力制订计划

　　"妈妈让我用二十分钟的时间写完作业，剩下的时间还要上兴趣班。可是我的作业很多，在二十分钟内根本写不完。"一个三年级的小女孩抱怨道。

　　很多妈妈希望孩子能够在短时间内完成某项任务，但是没有考虑到孩子的实际能力和承受范围。对于超出孩子承受范围的任务，孩子势必是无法独立完成的。因此，在制订计划的时候，妈妈一定要和孩子一起商量，按照孩子的承受能力来制订，保证孩子能够承受计划的压力。

3.制订了计划就要完成

在制订计划之前，妈妈要征求孩子的同意，比如，我们希望孩子在写完作业之后，能够再做几道课外题，这个时候我们一定要提前告诉孩子，并得到对方的同意，只有这样孩子才会认可我们的计划。因此，妈妈制订计划时一定要站在孩子的角度，保证孩子认可计划内容，这样制订的日计划才能有实际的意义。

4.计划要具有可变性

所谓可变性，并不是可以随意改变，而是要根据当天的突发情况而改变，比如，本打算在孩子写完作业之后，陪孩子做游戏，这个时候家里突然来了客人，那么计划必然会改变。因此，在做计划时，要做到心中有数，明白哪些计划项可以更改，哪些是不可以更改的。

张青云的女儿已经8岁了，每天晚上写完作业后，她都要看很长时间的电视，这就导致她根本没时间练习书法，为此张青云很生气。为了能够按照计划完成每日的任务，张青云将计划进行修改，要求女儿先练习书法，然后再看电视，她跟女儿说，只有认真练习书法之后，才能看电视。

对于孩子来讲，他们很难自己去制订日计划，这时就需要妈妈帮助孩子制订日计划，根据孩子每天的学习任务和生活习惯，制订出合乎孩子需要的计划。妈妈在制订计划的过程中，一定要尊重现实，如果计划做得不合乎现实，就会导致孩子无法很好地完成。当然，在计划的过程中，需要让孩子参与进来，因为只有孩子认可的计划，他们才会愿意去履行。

妈妈带娃解读

　　计划性培养，不仅能够锻炼孩子的逻辑性，更重要的是给孩子制订了时间节点，让孩子在特定的时间内，完成特定的任务。这样做不仅能够提高孩子的做事效率，还能够让孩子养成良好的做事习惯，避免出现拖延的行为。因此，妈妈帮助孩子制订日事日清计划表时，能够让孩子养成"当日事情，当日毕"的好习惯。当然，计划完成的过程，也是孩子提升自我的过程。

孩子万事磨蹭，你该这样治

孩子五分钟之内可以完成的事情，总是拖拉半个小时才完成，能半个小时写完的作业，总是花费一个半小时才完成。你家孩子是否也有这样的情况呢？很多妈妈抱怨孩子做事情磨蹭，认为孩子的性格就是如此，所以不会将孩子做事情拖延当回事。其实，对于孩子来讲，做事情拖延是一种极其不好的习惯。

很多妈妈认为造成孩子拖延的原因很简单，就是孩子做事情不积极。其实不然，对于孩子来讲，做事情拖延往往有三方面的原因；

第一，生理原因。很多妈妈认为孩子拖延只是一种"坏习惯"，但是很多研究表明，孩子出现拖延症很多是由于生理原因造成的，其反应能力和注意力都会比同龄人弱一些，这主要是因为孩子大脑前额叶皮层功能区出了问题。

第二，心理原因。总是拖沓的孩子往往是不快乐的，在性格方面也多是急躁的，这种结果的制造者往往是他们的父母。父母不断地催促孩子，或者是"逼

迫"孩子完成他们不想完成的目标，这就造成孩子选择的机会减少，从而让孩子的内心变得十分无助，做事情也只能是拖沓对待。

第三，行为原因。有些时候孩子出现拖沓的行为，纯粹是行为层面的。但是，在拖沓行为的背后，其实是孩子没有确立时间观念。原本可以一个小时做完的事情，由于孩子缺乏时间观念，可能会花费两个小时才能做完。

在分析完孩子做事情拖延的原因之后，妈妈可以结合自己孩子的情况，找到帮助孩子解决拖延问题的办法。

妈妈带娃实例

萨尔是一名心理医生，在他的病人当中，有一个小男孩。小男孩的妈妈见到萨尔就开始抱怨："医生，我的孩子做事情很磨蹭，我让他用二十分钟吃完饭，他用四十分钟才吃完；我让他用半个小时写完作业，他用了一个多小时。虽然都是小事情，但是有很多这样的事情，他无论做什么事情都很磨蹭，这让我感到很头疼。"

"女士，请问您是否观察了孩子因为什么事情才导致吃饭磨蹭、写作业磨蹭的呢？"萨尔问道。

"他吃饭的时候会吃几口，然后就开始在那里玩自己的衣角。学习的时候，会写一点儿就开始东张西望，甚至有时会肆无忌惮地玩游戏。"小男孩的母亲越说越生气。

"女士，您先不要着急，我大概已经明白了您的孩子的情况。"萨尔不紧不慢地说道。

"医生，这该怎么办才好呢？他真的让我很生气。"小男孩妈妈继续说道。

萨尔说道："您的孩子可能没有建立时间观念，在平时的生活中，您的孩子也缺少自我选择和自我控制的机会。回到家中，您只需要给孩子制订出计划表，让孩子一目了然地看到自己在什么时间该做什么事情。不仅如此，还要让孩子自己做选择，自己决定做事情需要花费的时长。比如，让孩子自己决定用多长时间完成作业。"

"如果他给自己制订用两个小时完成作业，但是实际上作业很少，半个小时就可以做完，这该怎么办？"女士问道。

"那您可以很直接地告诉他，如果他选择用两个小时写完作业，在写完作业之后就只能上床睡觉了，根本没有玩耍的时间了。"萨尔说道。

这位母亲按照萨尔说的去做，回到家，她罗列出孩子一天要完成的事情，并让孩子自己制订时间计划，最终，这位母亲发现孩子不但能够认真地完成作业，更重要的是他能够按照计划表的内容有序地做事情了。

妈妈带娃妙招

做事情拖延是很多孩子都会出现的问题，在面对孩子出现这样的问题时，妈妈要做的究竟是什么呢？

1.当孩子是因为生理问题，造成做事情拖延

这个时候妈妈要做的是寻求医生的帮助，然后让孩子多参加一些体育锻炼，对孩子进行感官系统的训练，只有这样才能够真正帮助到孩子。

2.如果孩子是因为心理原因，导致做事情磨蹭

这个时候妈妈要做的就是给孩子一定的选择权，让孩子去做自己想要做的事情，不要急于指责孩子，而是要帮助孩子建立时间观念。

3.如果孩子是因为行为原因，导致做事情磨蹭

此时，妈妈要做的就是帮助孩子制订计划表，梳理孩子一天的行为任务，让

孩子明白有多少事情要做，这样孩子才会在行为上避免拖延。

　　妈妈要帮助孩子摆脱拖延的坏习惯，但是在帮助孩子的过程中，一定不要觉得只要自己时刻提醒孩子，孩子就不会拖延，只有帮助孩子建立行为秩序和专注力，孩子才能够更好地做事情。因此，督促不是从根本上解决问题的办法，当妈妈发现孩子是因为专注力不够才导致做事情拖延时，一定要想办法先提升孩子的专注力，这点才是解决问题的关键。

妈妈带娃解读

　　导致孩子拖延的原因不同，妈妈选择的应对方法也就不同。当然，妈妈不停地吼骂孩子，对改善孩子做事情拖延是没有任何帮助的，反而会加重孩子的心理负担，甚至会让孩子产生抵抗情绪。面对孩子的拖拉行为，妈妈一定要明确界限，让孩子意识到哪些行为是可以接受的，哪些是不可以接受的，从而提高孩子的行为自律性。

生活作息讲规律，寝食才能安

　　你的孩子习惯晚上几点睡觉呢？又是几点起床的呢？有的妈妈会抱怨孩子总是赖床，不按时起床。周末休息，孩子甚至会睡到中午才起床，晚上又开始熬夜到十二点才睡觉。对于孩子来讲，他们的自控能力比较差，如果妈妈不去进行监督，孩子很难养成规律的作息习惯。

　　规范的作息习惯对孩子来讲，究竟有怎样的好处呢？早睡早起、按时吃饭对孩子的生长发育是十分有必要的。众所周知，孩子在成长的过程中，需要充足的睡眠和营养，而有规律的作息习惯是保证孩子健康成长的必要条件。不仅如此，我们都知道孩子只有养成了良好的作息习惯，他们才能拥有充分的精力去做更重要的事情。

　　当孩子的生活没有规律时，势必会影响他们的身心健康。因此作为妈妈，发现孩子的生活作息比较混乱时，一定要纠正孩子的不良习惯。在这个过程中，势

必会让孩子不高兴，但是我们必须坚定自己的教育观念，因为这对孩子今后是十分有帮助的。

妈妈带娃实例

放寒假了，这是乔乔一年中最不喜欢的时间段，因为儿子冬冬经常会晚上不睡觉，早上不起床。不仅如此，只要放假冬冬就是一天只吃两顿饭，每次吃得都很多，本身冬冬就很胖，这样不规律的作息，会让冬冬变得更胖、更不健康。乔乔因为作息的事情，吼骂过冬冬，但是她发现好不了两天，冬冬又会重复之前的坏习惯。

今年，乔乔想了一个办法，她提前给冬冬制定了一个作息时间表，在作息时间安排表中，明确写了每天要几点起床、几点用餐、晚上几点睡觉。不仅如此，乔乔还制订了奖惩计划。比如，如果冬冬能够在整个寒假期间保持规律的作息习惯，早睡早起，那么就可以在开学之前得到他最喜欢的漫画书，或者任选一个不超过200元的礼物。如果冬冬在寒假期间，出现了1—10次的违规行为，那么开学前没有礼物；出现超过10次的违规行为，则开学后第一个月不给他零花钱。

冬冬对于妈妈的计划十分认可，并且决心一定会按照计划执行。转眼寒假结束了，冬冬竟然没有出现过一次不起床的情况，也没有出现过晚睡的情况，吃饭也很规律。

寒假结束，冬冬不仅完成了老师留的寒假作业，而且身高也长了。为了奖励冬冬，妈妈送给冬冬一套他最喜欢的漫画书。

妈妈带娃妙招

对于很多妈妈来讲，孩子之所以没有养成规律的作息习惯，很多时候是因为妈妈不够重视，甚至纵容孩子。比如，放假期间，妈妈会对孩子说"明天不用上学了，你可以晚点儿起床""晚上不管你几点睡觉，只要早上赶上吃早饭就行"。其实，妈妈的这种态度就是在纵容孩子养成不规律的作息习惯。因此，妈妈首先要端正自己的态度，不能纵容孩子养成不良的作息习惯。那么，在生活中，妈妈究竟该如何去做呢？

1.帮孩子科学地规划作息时间

无论孩子处在哪个生长阶段，作息时间安排得越科学，越有利于孩子的成长。那么，作为妈妈，要做的就是根据自己孩子所处的年龄段，制定最科学的作息时间表。比如，当孩子进入小学阶段，受到上课时间的影响，孩子在早上六点半就应该起床了，而睡觉最晚应该是晚上九点半，只有这样才能保证孩子白天上课的时候精力充沛。

妈妈在了解了科学的作息时间之后，就要给孩子进行规划，要将孩子一天内要完成的事情都规划进去，既不能有疏漏，也不能不给孩子预留玩耍的时间。

2.作息时间要具体

妈妈在帮孩子制定作息时间表的时候，一定要细化。比如，睡觉时间一定要规定到具体的时间点，而不是一个范围。这样做的目的是让孩子更清晰地意识到自己在哪个时间点，该做什么事情。如果只是一个时间范围，那么孩子很可能会在这个时间范围内再做一些其他的事情，无形中会打乱计划表。

3.设立奖惩规定

妈妈设定了奖惩规定之后，孩子才能更愿意按照作息时间表执行。因此，在制订作息时间计划时，要设定一些奖惩措施，让孩子有坚持下去的动力。同时，如果孩子违反了规定之后，妈妈也要按照计划对孩子进行惩罚。

妈妈想要让孩子养成良好的生活作息习惯，前提必须是自己也要做到生活有

规律，不然孩子是无法养成良好的生活习惯的。

妈妈带娃解读

孩子能否养成良好的生活习惯，在很大程度上取决于家长是否进行了引导和监督。当妈妈帮助孩子制定了作息时间表之后，孩子会按照计划来安排自己的作息时间。因此，帮助孩子制订作息计划，并督促孩子按照计划来执行，这对孩子养成良好的生活习惯是十分关键的。

培养安全意识，刻不容缓

在教育孩子的时候，妈妈肯定会对孩子进行安全教育，比如，告诉孩子要牢记爸爸妈妈的手机号码；出门不能跟陌生人说话；不能随便吃陌生人给的东西；不要让陌生人亲吻自己，等等。妈妈的这些"唠叨"无非是为了帮助孩子建立安全意识，这对孩子的成长是十分有帮助的。但是，很多妈妈却不清楚如何帮助孩子建立全面系统的安全意识。要知道让孩子形成安全意识，对孩子来说刻不容缓。

妈妈要培养孩子的安全意识，自然要先了解安全意识的组成部分，了解有哪些涉及孩子的安全问题。当妈妈充分了解了安全意识的组成部分，才能更全面地去教导孩子。

安全意识包含很多方面，例如，对外安全意识、交通安全意识、消防安全意识、食品安全意识等。对外安全意识指的是在家庭之外的环境中，可能出现的一些安全问题，其中涉及最多的是来自陌生人的威胁；交通安全意识是最容易被孩

子掌握的，如一些交通规则；消防安全意识多指的是一些自然灾害，比如火灾、水灾；食品安全意识指的是某些具有危害性食物的分辨能力和防范意识。

妈妈带娃实例

想必很多妈妈都看过刘德华主演的电影《失孤》，影片讲述的是一个父亲寻找丢失儿子的故事。这部电影展现了很多孩子被拐卖的情景。孩子被人贩子拐卖，是很多妈妈所担心的事情。

张欣欣看完这部电影后，便经常告诉孩子，在外不要与陌生人交谈，独自在家时，别人敲门，无论是谁都不要开门，除非确认是爸爸妈妈。

一次，7岁的儿子独自在家，张欣欣去超市买菜了。张欣欣回来后，儿子对她说道："妈妈，刚才有个叔叔敲门，我没给他开门。"

"他说自己是做什么的了吗？"张欣欣担心地问道。

"他说是送外卖的，但是我知道您没有点外卖，即便您点外卖了，我一个人在家，也不会给他开门的。如果是坏人，我一个人可对付不了他。"儿子说完，张欣欣一身冷汗，她不知道对方是谁，但是自己的确没有点外卖。

之后，张欣欣将这件事情告诉了物业，物业经过查看监控，发现的确是一名陌生男子进入了小区，并连着敲了好几家的门，大家一起报了警。

显然，张欣欣平时对孩子的安全教育是成功的，她知道只有孩子建立了安全意识，他们才会谨慎小心，也才会更安全。

妈妈带娃妙招

妈妈不可能一辈子保护孩子，也不可能一天24个小时形影不离地陪在孩子身边。妈妈保护孩子的最好方式是让孩子学会保护自己，教授孩子足够的安全知识，让孩子意识到什么情况下是安全的，什么情况下是危险的。

在生活中，妈妈要如何培养孩子的安全意识呢？

1.通过一些生活真实案例，来培养孩子的安全意识

妈妈可以带孩子观看一些教育题材的纪录片或者新闻报道，让孩子意识到在怎样的情况下会存在安全隐患。不仅如此，妈妈要讲解给孩子听，告诉孩子在什么情况下需要寻求警察、医生、消防员的帮助，让孩子学会正确的自救和求救方法。

2.意识到危险的目的，是找到应对危险的方法

妈妈要教会孩子如何保护自己，尤其是在孩子遇到危险时，能够帮孩子找到逃脱危险的方法，这才是灌输孩子安全意识的目的所在。因此，平日里，妈妈要多教孩子一些应对方法。比如，发生火灾时如何正确逃生，发生地震时如何正确应对。

3.培养孩子养成良好的生活习惯，才能够避免出现危险

妈妈要注重孩子良好生活习惯的养成，比如，在吃饭时，让孩子养成小口吃饭的习惯，避免被饭菜烫伤或噎到；在倒水的时候，只倒半杯，避免热水洒到身上；在睡觉之前，要将台灯关闭，这样避免发生火灾。当孩子养成了良好的生活习惯，就能避免很多危险的发生。

4.帮助孩子正确认识现实生活

在生活中，存在美，自然也存在丑，有善就有恶。要让孩子知道现实生活并不是童话故事，很多坏的、恶的人和事都会出现在我们身边。

孩子很容易听信别人的谎言和物质的诱惑，这主要是因为孩子的心智还不够健全，分辨能力还很弱，因此，妈妈应该培养孩子的自主防范意识，通过多种形式建立孩子的防范心理，比如通过讲故事、交谈、看电视等形式，来向孩子展现

社会的复杂性。

5.通过相关书籍帮孩子建立安全意识

在生活中，我们可以看到很多关于建立孩子安全意识的书，作为妈妈可以给孩子买一些这样的书，让孩子通过阅读建立危机意识。在阅读的过程中，妈妈一定要耐心地给孩子讲解书里的内容，帮助孩子化解心中的疑惑。

妈妈要保护孩子，就要让孩子学会保护自己。孩子进行自我保护的方法有很多，这就需要妈妈提前了解，及时对孩子进行安全知识普及。在孩子了解了危险之后，他们就不会慌张，从而能够找到合适的方法远离危险。

妈妈带娃解读

孩子安全意识的建立，在很大程度上需要妈妈先具备一定的安全意识，然后再通过妈妈的日常教育传输给孩子。在孩子建立安全意识的同时，要让孩子认知一些"安全信号"，比如公安局、消防员、医院等，这些安全信号对孩子进行自我保护来讲，是十分重要的。

如何培养孩子的时间观念

孩子上小学之后，很多妈妈都觉得更累了，那是因为孩子的家庭作业多了，而部分孩子在写作业的时候总是磨磨蹭蹭，原本一个小时可以写完的作业，孩子会花费两三个小时。不仅如此，说好的晚上十点前入睡，孩子玩到十点之后，还是舍不得睡觉，还要继续玩。而到了第二天早起，闹铃响了五六次了，孩子还是懒得起床。想必这些情况是很多妈妈都会遇到的，这也让很多妈妈感到十分苦恼。其实出现这些情况，主要是因为孩子本身时间观念的缺失，在孩子的内心深处，没有时间的概念，他们不知道在什么时间应该干什么事情，也不清楚自己拖延时间会有怎样的后果。

作为妈妈，应该想办法培养孩子的时间观念，让孩子意识到时间的重要性，并让孩子学会珍惜时间，只有这样孩子才能够在规定时间内完成规定的事情，也才能建立良好的生活习惯。

妈妈要帮助孩子建立时间观念，首先自己要明白什么是时间观念，其实时间观念来自于人类观察感知到的事物发展规律。妈妈要让孩子意识到时间具有不可逆性，从而帮助孩子养成珍惜时间的习惯。

妈妈带娃实例

杰西卡的女儿9岁了，因为学校要求孩子自己上下学，所以杰西卡不能去学校接孩子放学，原本学校在下午五点就放学了，正常的话从学校到家步行只需要十五分钟的时间，而每次女儿到家都需要花费将近一个小时的时间。

杰西卡很好奇女儿究竟在途中都做了什么。这天杰西卡五点之前就到了学校门口，在女儿走出大门的那一刻，她就开始观察女儿，自然女儿没有发现杰西卡。

当女儿经过小公园的时候，她停下了脚步，开始在公园里乱转。一会儿看看地上的小花，一会儿摸摸公园的雕塑，偶尔碰到同班同学，还会与同学热聊一会儿。就这样，女儿能在公园里待上半个小时。

女儿回到家，杰西卡紧随其后，也回到了家。杰西卡意识到应该让女儿认识到时间的宝贵，毕竟女儿回到家还要练钢琴，这需要花费两个小时的时间。

杰西卡将女儿叫到房间，然后指着墙上的钟表说道："亲爱的，你知道这个钟表代表着什么吗？"

"时间啊，钟表每走一下，就代表时间在变化。"女儿已经9岁了，显然她已经学会了认读钟表。

"是的，不仅如此，它还代表着生命。"杰西卡说道。

女儿疑惑地看着杰西卡，杰西卡继续说道："钟表每走一下，就表明我们的生命距离死亡近了一步，所以我们要与钟表抢时间。"

"怎么与钟表抢时间？我们又不能阻止钟表转动。"女儿疑惑地说道。

"虽然我们不能阻止时间流逝，但是我们可以用节约时间的方式，来让我们的生命更有意义。"杰西卡继续说道，"比如你放学后每次用将近一个小时的时间才走到家，如果你能够用十五分钟走到家，那么节约下来的半个多小时，你完全可以用来做其他事情，在同样的时间里你做了更多的事情，这就是在与钟表抢时间。"

女儿说道："我可以十五分钟走到家，但是到了家里我能做什么？"

"你可以自由选择，这半个小时你可以用来画画，也可以用来弹钢琴，甚至可以看你最喜欢的漫画书。"杰西卡说道。

"这是个很棒的提议，我会有更多的时间去看漫画了。"女儿开心地笑了。

的确，从那天起，女儿每天只用十五分钟便能从学校走回家了。

妈妈带娃妙招

随着孩子的成长，孩子需要的并不是妈妈替自己做所有的事情，而是学会利用时间规划自己的事情，同时，在有限的时间内完成当天任务。在这个过程中，孩子需要建立时间观念，需要懂得节约时间。那么，要培养孩子的时间观念，妈妈究竟该如何去做呢？

1.让孩子感受时间的长短

在孩子大脑中对时间还没有概念和意识的情况下，妈妈可以帮助孩子体验时间，有意识地让孩子感受到时间的存在。比如，当孩子要求看动画片的时候，你可以对孩子说："宝贝，为了保护你的眼睛，妈妈只允许你看十分钟的动画片，也就是两集那么久。"通过这样的描述，孩子能够感受到十分钟是多长时间，久而久之，孩子会感受到时间的存在。

2.给孩子制定恰到好处的时间节点

在孩子做事情之前，妈妈可以给孩子进行时间规划。比如，早起用十分钟的时间完成洗漱，在这个过程中，妈妈可以通过"还剩一分钟"类似这样的提醒，让孩子意识到时间的紧迫性，从而促使孩子在下一次洗漱的时候把控好时间。制定时间节点的好处有很多，最重要的是避免孩子出现拖延的情况。

3.教会孩子看钟表和日历

让孩子学会看钟表，这能够帮助孩子建立时间的观念。同样的，学会看日历能够让孩子建立日月年的观念。

时间具有不可逆性，随着时间的流逝，孩子也在一天天地长大。妈妈要帮助孩子建立时间观念，让孩子意识到时间的紧迫性，这对帮助孩子建立良好的作息习惯和养成节约时间的习惯是十分有帮助的。

妈妈带娃解读

时间意识的建立并不是孩子学会看钟表就可以了，而是让孩子对时间有更正确和科学的认知，这样做能够避免孩子养成拖延的习惯。除此之外，当孩子懂得节约时间之后，他们会尽可能地利用有限的时间去做他们认为有必要的事情，妈妈自然也就不用担心孩子出现磨蹭、贪玩的现象了。

第八章

帮孩子纠错，
妈妈「智」爱不溺爱

是人就会犯错，更不用说孩子了，天下没有不犯错的孩子，也没有不犯错的妈妈。当孩子犯错之后，妈妈的第一反应是要帮孩子纠正错误，这点毋庸置疑。帮孩子纠错是一种智慧，既不能全部依赖妈妈的力量，也不能放任不管。因此，掌握正确的纠错技巧和方法，能够让母亲与孩子之间的关系变得更融洽。

犯错不可怕，视而不见才可怕

雨果在《悲惨世界》里写道："不犯错误，那是天使的梦想。尽量少犯错误，这是人的准则；错误就像地心具有吸引力，尘世的一切都免不了犯错误。"的确，天下没有人会不犯错，而尽量减少错误的发生，是我们做人做事的准则。

"他还小，还是一个孩子。"这是我们经常会说的话，也是妈妈帮助孩子"逃避"错误时常说的话。不可否认孩子的确会因为年龄的原因导致犯错，但是孩子犯错并不可怕，可怕的是父母的态度。很多妈妈在看到孩子犯错之后，会觉得孩子还小，犯错了也无关紧要，于是选择对孩子的错误视而不见，这就让孩子犯错后不会产生任何后果的错觉，自然孩子也就意识不到错误的严重性，最终的结果是孩子从来不去改正自己的错误。在孩子犯错之后，妈妈选择视而不见，孩子可能会认为这并不是"错"，所以妈妈对待孩子犯错的态度十分关键。

妈妈带娃实例

周末，因为有事情要外出，所以我选择了坐地铁。地铁里人不算多，我坐下之后便开始看手机，就在我看手机的时候，突然感觉到左脚趾一阵酸痛，我急忙抬头，然后看到一个10岁左右的小男孩。很显然，是这个小男孩踩到我的脚了，当时我并没有说什么。

过了几分钟，小男孩又踩到了我的脚，这次很疼，我叫出了声音。显然，小男孩的母亲听到了，她肯定知道发生了什么事情，但是她只是看了我一眼，没有说话，继续低头看她的手机。或许是小男孩比较调皮，这次他又踩到了一位年轻的男士，男士喊道："谁家孩子？踩疼我了！"

男孩母亲看了一眼男士，说道："小孩儿踩一下能有多疼。"

男士说道："那我踩你一下，你看疼不疼。"

就因为这件事情，男孩的母亲和这位男士吵了起来。

对于这位母亲来讲，她根本没有意识到自己孩子犯了错，因此也没有意识去让孩子改正错误。可想而知，这个孩子长大后会变成什么样子。

妈妈带娃妙招

在现实生活中，孩子犯错是在所难免的事情，在孩子犯错之后，作为妈妈你的态度是十分重要的。你的态度直接影响到孩子是否有勇气去改正错误，因此，在教育孩子的过程中，我们一定要正确对待孩子的错误。

1.妈妈要让孩子意识到错误

孩子犯错之后，他们不一定能意识到自己的错误，甚至孩子并不觉得自己犯错了，这个时候就需要妈妈帮他们发现错误。正所谓"知错能改，善莫大焉"，

改错的前提是知道自己错在哪里，妈妈需要引导孩子，让孩子认识到错在哪里，他们才能更好地去改正错误。

2.妈妈要指出孩子的错误，而不是吼骂孩子

在很多时候，孩子犯错之后，他们的内心是充满恐惧和自责的，甚至会害怕妈妈因此而生气。如果在这个时候，妈妈不但不去开导孩子，反而一味地批评孩子，那么孩子肯定会十分伤心。在孩子犯错之后，妈妈可以心平气和地指出孩子的不足，耐心地和孩子一起分析利弊，只有这样孩子才愿意接受妈妈的建议。

3.给孩子提出改正的建议，而不是逼迫孩子按照大人的方式去改正

在孩子犯错之后，他们会希望按照自己的方法去改正错误，而妈妈往往会有自己的想法，在这个时候妈妈不要去强迫孩子，一定要尊重孩子弥补过错的方法和方式。

在孩子的心目中，他们害怕因为犯错而被妈妈批评，更害怕妈妈会责备自己。正因为如此，在孩子犯错之后，妈妈要先表露出对孩子的理解，即便孩子犯了大错，妈妈也要尽量用心平气和的态度和孩子一起面对问题。

妈妈带娃解读

妈妈冷漠地对待孩子的错误，这只会让孩子忽略错误所产生的后果。当孩子犯错之后，如果妈妈一味地批评孩子，不懂得正确地帮孩子改正错误，会让孩子更加胆小懦弱。负责的妈妈都是先了解孩子的心理，帮孩子意识到自己犯的错误，同时愿意帮孩子去改正错误。没有孩子希望看到自己的妈妈生气，也没有妈妈希望自己的孩子犯错。因此，正确对待孩子的错误，比责备孩子犯错要有意义。

及时纠正孩子的差错，别以为"树大自然直"

孩子犯错似乎在所难免，在孩子成长的过程中，孩子会经常犯错，这是每个妈妈都会遇到的问题。对于孩子来讲，犯错似乎并不可怕，可怕的是得不到正确的指导，最终导致孩子不知道自己错在哪里，久而久之，孩子会认为自己做错事情是很正常的，丝毫没有悔改之心，并且养成习惯。

曾经有心理学家研究发现，人类在犯错之后，内心往往是拒绝去面对的，也就是说人类是不愿意去面对和解决错误的。对孩子来讲也是如此，他们拒绝面对自己的错误，也是因为不想去改正错误。因此，孩子在犯错之后，就需要妈妈及时引导孩子，帮孩子纠正错误。

很多妈妈在看到孩子犯错之后，会做出一些不理智的行为，比如，打骂孩子、忽视错误等，这些行为直接导致孩子对改错产生错误的认知。当孩子犯错之后，他们可能已经意识到自己犯错了，而在这个时候如果妈妈仍然吼骂孩子，孩

子内心往往是委屈的，从而选择逃避应该面对的错误。因此，妈妈要用正确的方式帮孩子意识到错误所在。

在生活中，当你发现孩子犯错之后，你会有下列几种表现吗？

1.不问原因直接冲孩子怒吼。

2.不给孩子解释或辩解的机会。

3.对孩子的错误置之不理，认为孩子长大了就意识到问题所在了。

4.一味地责备孩子，根本不帮孩子找到弥补错误的方法。

如果你有上面四种表现，那么作为妈妈，你应该认真检讨一下了。

妈妈带娃实例

在一则新闻中，报道了这样一件事情：

河南某小学的一名三年级小学生离家出走，全校老师分头去寻找。引起这件事情的原因是这样的，这位小学生早上起床后，没有着急去学校，而是看起了电视，这就导致孩子上学迟到了。这件事情自然被刚下夜班的妈妈知道了，她冲着孩子一顿大吼，这位小学生当时十分委屈，因为他的妈妈根本不知道，自己是为了看电视上的"升国旗仪式"，因为老师留了一篇作文，作文的题目就是《升国旗》，他想要看看电视上升国旗的场景。

在孩子想要解释的时候，妈妈用愤怒的吼叫声打断了孩子的话语。孩子感到很无助，于是孩子也开始冲妈妈吼叫，紧接着妈妈便打了他。

小学生跑出了家门，而妈妈以为孩子只是一时生气，等会儿就会回来，没想到到了晚上九点孩子仍然没有回家，原来是孩子选择了离家出走，最终在警察的帮助下，才将孩子找了回来。

对于这位妈妈来讲，当她看到孩子犯错之后，并没有给孩子解释的机会，也没有问清楚孩子为什么要早起看电视，而是直接冲孩子一顿怒吼。最终造成这种结局，母子关系受到了很严重的影响。

妈妈带娃妙招

很多妈妈认为孩子犯错是由于孩子年龄小造成的。的确，孩子年龄小是一方面原因，但是对于孩子来讲，很多时候并不是因为"无知"造成犯错，很多错误也并不是孩子长大了就懂得如何去避免，或者如何去改正的。作为妈妈，不要认为随着孩子年龄的增长，便不会再犯错，要知道很多时候孩子犯错与年龄无关，而是与父母的态度有关。

在生活中，当妈妈发现孩子犯错了之后，究竟该如何纠正孩子的错误呢？

1.控制好自己的情绪

很多妈妈在发现孩子犯错之后，觉得孩子太调皮，又或者因为自己工作很辛苦，所以容易导致自己冲孩子发火。原本孩子没有犯多大的错误，但是妈妈却发了很大的火，从而影响亲子关系。在教育孩子的时候，妈妈一定要控制好自己的情绪，避免冲孩子发"无名火"。

2.理性地给孩子分析错误的原因和后果

当孩子意识到错误之后，妈妈可以给孩子分析一下犯这种错误会造成怎样的后果，当孩子意识到后果的严重性之后，再遇到同样的事情，他们才会避免去犯同样的错误。理性地分析错误的原因和后果，对孩子的成长是十分有帮助的。

3.先让孩子想办法自己去改正错误

在孩子意识到错误之后，妈妈不要急于帮孩子去解决问题，而是要让孩子先自己想办法去解决，当孩子自己解决了问题之后，他会对错误有更深刻的认知，甚至会总结经验教训，为以后的成长打好基础。

4.当孩子自己无法单独解决问题的时候，妈妈可以适当地给予孩子帮助

很简单，在孩子面对错误的时候，他们可能无法自己去解决问题，或者孩子的力量很小，需要寻求父母的帮助，这个时候妈妈需要给予孩子一定的帮助，让孩子可以借助妈妈的力量去改正错误。

5.帮孩子总结经验和教训

在孩子犯错这件事情上，很多妈妈会将"纠正错误"当作最终的结果，其实从孩子犯错，到帮孩子意识到错误，再到帮孩子纠正错误，这只是一个过程，而真正的结果是帮孩子总结经验和教训，让孩子避免以后犯同样的错误。因此，妈妈一定不要忘记帮孩子总结经验和教训。

对于孩子来讲，他们犯错是在所难免的事情。在孩子改正错误的过程中，妈妈要多多鼓励孩子，让孩子对改错、认错充满勇气和底气。

妈妈带娃解读

孩子对错误的认知能力是有限的，因此，妈妈要及时帮孩子纠正错误。业内教育人士表示，美国一些家庭，擅长用"计时纠错"的方式来帮孩子认识到错误。这种方式是孩子犯了错，家长进行反复警告孩子仍然屡教不改时，家长会让孩子停止手中一切事情，让孩子进行自我反省，反省几分钟之后再继续做其他事情。通过这种方法，既能让妈妈情绪冷静下来，也能够让孩子有认知错误的空间和时间。因此，这种方法对儿童不良行为的矫正是非常有效的。

真话的代价：孩子撒谎怎么办

在"三岁看大，七岁看老"的思想下，很多妈妈都会感到焦虑，因为她们有时发现自己的孩子会撒谎，面对孩子的谎言，妈妈却不知道如何去教导孩子，甚至会觉得自己的孩子已经"无药可救"了。

我们经常会看到一些妈妈因为孩子撒谎而责骂孩子，甚至对孩子大打出手，这些妈妈希望通过自己严厉的态度，让孩子知道撒谎是一件不对的事情，同时让孩子不敢再撒谎。然而结果却恰恰相反，孩子变得越来越自卑，撒谎的次数甚至越来越多。因为他们害怕妈妈生气、害怕挨打，在犯错之后就会继续选择撒谎。由此可见，妈妈在发现孩子撒谎之后，不应该对孩子进行打骂，而应选择一种更为"聪明"的方式去教育孩子，既要让孩子意识到撒谎本身是错误的，又要让孩子知道说真话的代价要小于撒谎的代价。

对于孩子来讲，他们知道撒谎是不对的，他们也不想撒谎，但是因为各种原

因，最终他们选择了用说谎话的方式来表达自己的心思。比如，当一个孩子用零花钱偷偷买了一大堆卡牌时，面对妈妈严肃的询问，他可能会因为害怕受到妈妈的责备而选择说谎："这些卡牌都是同学送给我的。"在这个过程中，孩子撒谎其实是为了避免被妈妈责备，从心理学角度来分析，孩子是因为害怕妈妈才说谎的。除此之外，有些时候孩子说谎是因为他们不想面对残酷的现实，比如，一个孩子期末考试的成绩很差，出乎他的预料。面对父母的询问，他可能会撒谎说"我的成绩属于班里的中上等"，对于这种说法妈妈自然不会相信，但这个孩子之所以会撒谎，是因为他不想面对自己成绩差的事实。

妈妈带娃实例

李菲菲是一名心理咨询师，这天一位母亲带着8岁的儿子来找她。李菲菲很好奇，便问这位母亲要咨询什么，她说道："您赶快帮我看看，我的儿子是不是得了什么心理疾病，他每天都会说谎。我打也打了，骂也骂了，但是他仍然经常撒谎。"

李菲菲问孩子会因为哪些事情撒谎，这位母亲回答道："撒谎最多的是学习上的事情，比如写作业，他没写完作业，总是会骗我们他写完了，最后老师将我叫到办公室，我才知道他没有一天完成作业的。"这位母亲想了想继续说道，"还有因为钱的事情撒谎，比如昨天他买了一支玩具枪，我问他玩具枪是哪里来的，他却说是同学的，直到今天我发现家里的钱少了，这才知道他偷偷拿了家里的钱去买的。我很担心他长大以后依旧撒谎成性，后果不堪设想啊！"

李菲菲帮这位母亲分析原因，对她说道："您应该找孩子谈谈心，问问孩子为什么完不成作业，为什么撒谎。据我的经验来讲，您的孩子并没有什么心理疾病，他之所以对您撒谎，多半是害怕您、畏惧您，不希望看到您生气。"

"他害怕我为什么还要撒谎？"这位母亲问道。

"因为他贪玩没有完成作业，他知道自己没有完成作业是不对的事情，同时他又害怕您因为这件事情而打骂他，所以他才会撒谎，而拿钱买玩具也是同样的道理。"

这位母亲恍然大悟，李菲菲接着说道："您先要改变自己的态度，告诉孩子遇到事情可以对您讲，但是不要用撒谎的方式。即便没有完成作业，也可以告诉您，而您要保证不要打骂孩子，而是想办法鼓励孩子去完成作业。孩子拿钱买玩具，其实您可以给孩子一部分零用钱，让孩子自由支配，孩子可能会买一些玩具，本身孩子就在'玩'的年纪，适当地买一两个玩具也是可以被允许的，这样一来孩子肯定不会再偷拿钱去买玩具了。"

这位母亲按照李菲菲的方法去做了，她渐渐地发现孩子很少撒谎了。

妈妈带娃妙招

当孩子出现撒谎的情况，妈妈该如何去做呢？

1.聪明的妈妈会区分是什么原因导致孩子撒谎的

比如，有些孩子撒谎是出于"模仿"，即父母在生活中有撒谎的现象，孩子看到后便会去模仿父母的行为。再比如，在某个年龄段，孩子经常性地撒谎，这主要是受到年龄的影响。只有对孩子撒谎的原因进行分析，才能更好地去解决问题。

2.给孩子建立规则和奖惩制度

很多时候孩子撒谎是因为他们不清楚说谎的代价有多大，这个时候妈妈不妨给孩子建立相应的规则，让孩子明白说谎会受到怎样的惩罚，而讲真话会有怎样的好处和奖励。当孩子明白规则之后，自然会选择对妈妈讲真话。

3.谨慎使用惩罚，尽量不去体罚孩子

体罚虽然能够在一定程度上抑制孩子撒谎的行为，但是这对根除孩子撒谎行为是不利的。我们会发现，受到的体罚越多，孩子越容易撒谎。

在生活中，没有一位妈妈希望听到自己的孩子撒谎，但是撒谎是孩子成长道路上的常有表现，而解决孩子撒谎的问题，能够彰显出一位妈妈是否足够机智和聪慧。当我们发现孩子撒谎了，妈妈首先要控制好自己的情绪，保持冷静，我们不妨先问问自己"孩子为什么会撒谎"。在找到了孩子撒谎的原因之后，我们想要解决孩子撒谎的问题，便就"有计可施"了。

妈妈带娃解读

孩子的谎言多半存在瑕疵，妈妈能够轻而易举地发现孩子没有讲真话，有些妈妈一旦发现孩子说谎，便急于给孩子贴一个"坏孩子"的标签。妈妈要做的是找到孩子撒谎的动机，然后帮助孩子改掉撒谎的习惯。孩子撒谎并不是一件可怕的事情，妈妈要理性地看待孩子撒谎这件事情，找到科学的解决之道，最终帮助孩子面对真相。当孩子意识到撒谎的代价要远远大于说真话的代价时，他们自然会选择拒绝撒谎，甚至还会痛恨撒谎。

让孩子"知错"，先让他看到后果

"人非圣贤，孰能无过。"在生活中，我们经常会听到一些妈妈在孩子犯错之后说"没事，没事，有妈妈在""妈妈替你顶着，别怕"等，类似这样的话语。不可否认，在孩子犯错之后，妈妈应该给予孩子一定的安慰，毕竟很多时候孩子并不是有心犯错的。但是，在妈妈说出这些话之后，是否意识到这些话语有所不妥呢？这些话语容易让孩子有一种"天不怕、地不怕"的感受，会让孩子觉得自己犯错也是很正常的事情，他们根本意识不到犯错的后果有多么的严重，更不会体会到犯错的后果，这对孩子认识错误、改正错误是十分不利的。

无论孩子是否是故意犯错的，作为妈妈应该做的不是帮孩子承担后果，而是让孩子学会直面错误的后果，这样能够让孩子切身体会到犯错后的感受。比如，当孩子因为早上偷吃冰激凌，最终导致肚子疼时，妈妈可以告诉孩子这就是早上吃冰激凌的后果，相信以后孩子不会再早上起来就吃冰激凌，也不会再因为偷吃

冰激凌而撒谎了。

　　妈妈在得知孩子犯错之后，不妨让孩子去体验错误的结果，让孩子切身意识到自己犯错会给自己或其他人带来多么恶劣的影响。这样一来，妈妈不用责备孩子，他们一样能够意识到自己的错误，以后也尽量会去避免此类错误的发生。

妈妈带娃实例

　　一位儿童心理学家曾经做过一个这样的实验：他调查了二十个孩子，发现其中十五个孩子经常会将妈妈的话当作耳旁风。不仅如此，这十五个孩子还会经常性地犯同样的错误，比如几乎每天都会说脏话、谎话等。而另外五个孩子却很少犯同样的错误，他们在犯错之后，能够尽自己所能去改正错误。

　　儿童心理学家发现十五个经常犯同样错误的孩子之所以会出现这样的结果，是因为他们的妈妈总是跟在他们身后帮他们"改错"。比如，一个孩子打碎了花瓶，他的妈妈会紧跟其后，一边怒斥他不小心，一边帮他收拾地上的花瓶碎片，而孩子却若无其事地在一旁继续玩自己的玩具。

　　而另外五个很少犯相同错误的孩子有一个共同点，那就是他们的妈妈很"懒惰"，即他们在犯错之后，他们的妈妈却若无其事地做自己的事情，而孩子只是被要求去改错就行。比如，一个男孩将自行车弄得很脏，他的妈妈没有帮他擦拭干净，而是任由他折腾，最终男孩的衣服也沾上了泥土。这个时候男孩发现自己最喜爱的鞋子上也全是泥土，男孩意识到是脏了的自行车导致自己的鞋子、衣服变脏。他直接的反应便是拿起家里的抹布，开始擦拭他的自行车，紧接着他将脏了的鞋子刷干净，又将脏衣服换了下来洗干净。此时，他的妈妈若无其事地问道："衣服怎么脏了？"

　　男孩解释了原因，并主动道歉说："妈妈，对不起，我把自行车弄脏了，我的衣服也被自行车上的泥土弄脏了。不过我已经将自行车擦干净了，以后我会注意的，不会将自行车弄得那么脏了，这样也就不会需要洗衣服和刷鞋子了。"

他的妈妈只是笑着说："嗯，你认识到问题就好了。"

儿童心理学家对两种妈妈的处理方式进行了对比，发现妈妈在发现孩子犯错之后，让孩子尽可能地接触错误的结果，直接面对结果，这样能够让孩子真正认识到自身的错误所在，这要比不断抱怨、责骂有帮助。

妈妈带娃妙招

作为妈妈，我们不要过于担心孩子犯错，对待孩子犯错这件事情应该保持一颗平常心。那么，在面对孩子犯错这件事上，妈妈究竟要如何做，才能让孩子先看到犯错的后果呢？

1.不急于去指正孩子

孩子无论做什么事情，都有一个过程，犯错也是如此。在他打算做一件事情的时候，他可能不会去想后果，也不会去感受后果。这个时候最重要的是让孩子按照自己的做事流程，一步步地去实现自己的目标。即便目标是错误的，也要让他先按照自己的想法去做。

2.在孩子犯错之后，让孩子体验结果

既然孩子的目标是错误的，那么就应该让孩子感受犯错的后果，让他从内心真正意识到自己为什么会得到这样的结果。比如，孩子边看手机边吃饭，妈妈可以安排全家人照常吃饭，在家人们吃完饭之后，孩子会发现自己爱吃的菜已经被吃光了，自己的饭也已经凉了，其他人的碗筷都已经刷干净了。这个时候孩子就会意识到，这就是自己边玩手机边吃饭的结果。

3.孩子看到结果后，尽量让孩子自己去处理

当孩子看到自己犯错造成的结果时，很多妈妈着急上手帮助孩子去改正，其实这完全没有必要，妈妈可以让孩子尽力去弥补过错。要知道很多时候，这些过错是孩子可以自己去弥补的。

妈妈带娃解读

孩子犯错的过程，其实是孩子成长的过程。在这个过程中，妈妈需要做的不是帮孩子"改错"，而是让孩子体会到错误的严重性，激发孩子对错误的深度认知，让孩子看到自己应该承担的责任。不仅如此，妈妈要让孩子直接体会到错误后果的严重性，这样才能避免孩子在今后的生活中继续犯同样的错误。

孩子因妒犯错，妈妈要懂"智"爱

　　嫉妒是因为别人超过自己、胜过自己而产生的抵触性的消极情绪，当看到别人比自己强的时候，心里就会酸溜溜的，甚至觉得不是滋味，于是就会产生一种羡慕、愤怒、失望等复杂的情感。而对于孩子来讲，产生忌妒心也并不意外，他们也会因为一些大人觉得很小的事情而产生嫉妒。比如，当孩子看到同学的轮滑鞋比自己的轮滑鞋漂亮时，很可能会故意将同学推倒，这其实就是孩子的忌妒心在作祟。

　　忌妒心就是不允许别人超过自己的一种心理，而这种心理在孩子身上并不少见。在教育孩子的过程中，妈妈应该多观察孩子，当孩子真的出现了忌妒心时，一定要给予正确的引导。当孩子因为忌妒心而犯错时，妈妈要做的不是去要求孩子不要嫉妒别人，而是要分析孩子产生忌妒心的根源是什么，从根源上帮孩子消除心理障碍，让孩子真正意识到嫉妒的危害性。

妈妈带娃实例

张筱雨的女儿上三年级，平时女儿的好朋友倩倩总是在放学后找女儿玩，但是最近将近一周的时间，倩倩都没有来找女儿玩。张筱雨很纳闷，便问女儿："倩倩最近怎么没有来家里玩？"

女儿有点失落地说道："我们闹别扭了。"

张筱雨惊讶地问道："你们不是最好的朋友吗？为什么闹别扭？"

"这次期中考试，她又考了第一名，而我总是第二名，怎么也超不过她。她每次都考第一名，老师总是夸赞她，我是第二名，老师却很少夸奖我，所以我不高兴。就因为这件事情，我们吵架了。"

张筱雨听了女儿所说，意识到女儿可能是忌妒心在作祟，女儿嫉妒倩倩学习成绩好，嫉妒倩倩被老师表扬。张筱雨很清楚，女儿的这种思想是错误的。

张筱雨对女儿说："我明白了，但是现在你并不开心。"

女儿点点头，说道："我其实也就是一时的不服气，根本没有想要真的和她吵架。"

"好朋友学习成绩好，其实对你来讲是一件好事，起码你在学习中遇到问题，好朋友可以帮助你。"张筱雨说道。

"嗯，倩倩在学习中帮了我不少，尤其是数学，遇到难题她总会教我。"女儿说道。

"对啊，遇到难题，你们还可以一起讨论。倩倩成绩好，你可以向她学习经验，如果你嫉妒她，不和她做好朋友，那么以后谁和你一起讨论，谁帮你提高成绩呢？"张筱雨说道。

"妈妈，我知道错了，明天上学的时候我会主动向倩倩道歉，希望她能原谅我。"女儿说道。

"会的，明天晚上妈妈会做好吃的蛋挞，你可以邀请倩倩来家里吃蛋挞。"张筱雨说道。

放学之后，倩倩又来找女儿玩了。

妈妈带娃妙招

孩子产生忌妒心理是很常见的事情，妈妈不要将这件事情看得过于严重，当然也不可以对孩子的这种心理视而不见。在孩子因为嫉妒心理犯错之后，妈妈不能放纵孩子的忌妒心蔓延。那么，作为妈妈究竟该如何帮助孩子抵制忌妒心的滋生呢？

1.分析孩子产生嫉妒心的根源所在

孩子看到别人的衣服比自己的漂亮、别人的成绩比自己优秀时，都可能因此心里不舒服、产生忌妒心。无论是哪种表象的原因导致孩子产生忌妒心，归根到底都是因为孩子认为别人超过了自己，内心产生了不平衡感。要解决根源问题，就要让孩子学会宽容，懂得宽容的孩子才会对自己宽容，才能容得下别人。

2.转移孩子注意力，给孩子一个不嫉妒的理由

当孩子产生嫉妒心之后，如果妈妈能够帮助孩子转移注意力，让孩子做一些自己感兴趣的事情，孩子会忘记之前内心的不平衡。

3.让孩子看到自己的优点，而不仅仅是看到自己的缺点

在孩子产生嫉妒心理时，往往是因为孩子只看到了自己的缺点，而没有注意到自己的优点。因此，妈妈要注重孩子的自我认知教育，让孩子学会平衡自己的优缺点，不仅要让孩子看到自己的不足，更要让孩子学会看到自己的优势。这样一来孩子的忌妒心再作祟时，内心对自我优势的认知便可以抑制住它。

聪明的妈妈善于从根源上帮助孩子解决忌妒心作祟的问题，妈妈会与孩子一起分析，嫉妒产生的根源是什么。孩子对自己忌妒心产生认知的过程，其实也就是孩子与忌妒心进行对抗的过程。

妈妈带娃解读

善于嫉妒的孩子往往是自卑的，因为这样的孩子遇到任何问题时，先想到的是自己的不足，看不到自己的优点和优势。孩子因为忌妒心犯错时，需要妈妈帮助孩子分析错误的本质，避免孩子的忌妒心深化。同样，妈妈如果一味地指责孩子、批评孩子，这对孩子的成长是没有帮助的。用智慧的方法帮助孩子摆脱忌妒心，这关乎孩子的心理健康。

第九章

赏识孩子，妈妈要学会批评和管教

你的孩子在你心目中是怎样的一个孩子？作为妈妈你能否看到孩子身上的优点和缺点？妈妈要认可孩子，这是帮助孩子建立自信的关键，而认可孩子并不代表自己的孩子没有缺点和劣势。妈妈不仅要看到孩子的弱点所在，更重要的是能够通过批评与管教，让孩子意识到自身存在的问题，并改掉自身的缺点。

在大是大非面前，绝不含糊

古语有言："父母之爱子，则为之计深远。"父母疼爱孩子就会为孩子做长远的计划和打算。作为母亲，更是希望孩子能够健康快乐地成长，于是很多妈妈会将自己所有的爱都给孩子，让孩子感受到自己对其爱有多深。但这并不表示，妈妈可以无上限地去溺爱孩子，为孩子"计深远"就是为孩子做长远的打算，让孩子认清楚大是大非，而不是做事不分青红皂白。

在生活中，我们经常会遇到一些妈妈，她们只知道"爱"孩子，却不知道如何去管教孩子。我们管教孩子的目的是什么呢？从表象来看，我们希望通过管教孩子，让孩子变得"知书达理"，让孩子明白什么是该做的，什么是不该做的；什么是对的，什么是错的。而从根源上来看，我们无非是希望孩子明白大是大非，树立正确的人生观、价值观、世界观。

妈妈带娃实例

在某视频平台上有这样一段视频：

公安局里来了一位特殊的"犯人"，一位年仅10岁的男孩，他是被妈妈带到警局的。工作人员看着这对母子，问发生了什么事情？

"叔叔，我违法了。"小男孩委屈地哭了起来。

男孩妈妈看似严肃地说道："他偷家里的钱让我发现了，作为妈妈，我不能纵容自己的儿子成为小偷。"

工作人员看得出来，这位母亲是想要假借他们的手来让孩子长记性，让孩子意识到自己的错误。因此，工作人员也严肃地对着小男孩说道："那我要给你录个口供了。"

工作人员拿出一张纸和一支笔，然后询问小男孩姓名和年龄，还有为什么偷家里的钱。

原来小男孩看到同学买了一个汽车模型，特别好玩，自己也想要，但是妈妈不给他买，于是他便偷偷地拿了家里三百元钱，自己去商场买了一个。

小男孩的妈妈故意问道："麻烦问您一下，他偷窃，是不是今天就要留在公安局被拘留起来啊？"

小男孩听了妈妈的话，哭着说道："妈妈，我知道错了！警察叔叔，千万别把我关进监狱，明天我还要上学呢！以后我再也不偷东西了。"工作人员说道："按照规定呢，你这属于偷窃行为，应该对你进行惩罚，但是看你也知道错了，再加上你还要上学，这次我们就不让你进监狱了。但是你必须保证以后再也不偷家里的钱了，不光是钱，什么东西也不能偷了，还必须写保证书，如果还有下一次，那我们就去家里逮捕你。"

小男孩很认真地写了保证书。他们走出公安局之后，这位母亲转身回去，笑着对工作人员说："真是给您添麻烦了，我想通过这种方式，让他意识到偷窃是很严重的错误行为，也谢谢您配合我演了这么一出戏。"

对于这位母亲来讲，她不允许自己的孩子犯这种原则性的错误。在孩子看来，他可能没有意识到偷拿家里钱是错误的行为，但是这位母亲用这种方法让孩子了解到有些错误是不可以犯的，犯错就必须承担相应的后果。

妈妈带娃妙招

妈妈在教育孩子的时候，不仅要包容孩子的一些过失行为，更要让孩子明白什么错误是坚决不能犯的。在大是大非面前，容不得半点儿的包庇和迁就。那么，在大是大非面前，妈妈究竟要如何去做呢？

1.在孩子犯错之后，用严肃的态度与孩子进行交谈

告知孩子他们做的事情究竟会引发怎样的后果，让孩子在第一时间意识到自己犯错了，而所犯的错误是触犯了底线的。这个时候妈妈不要冲孩子发脾气，但是一定要告诉孩子所做的事情会有怎样严重的后果。

2.帮助孩子分析所犯之错究竟会给他带来怎样的影响

比如，当孩子将别人的物品占为己有之后，你可以告诉孩子这样做很可能被别人当作"小偷"，甚至会失去朋友。只有孩子意识到错误的恶劣性，他才会重视错误，才会避免再次犯错。

3.当孩子意识到自身犯错之后，妈妈要让孩子明确自己的态度

这就要求妈妈正视大是大非的问题，不要让孩子不在意自己犯的错。孩子需要明白有些错误是不能犯的，有时候犯一次错可能会让自己一生都受到影响。作为妈妈应该让孩子有最起码的分辨是非的能力，只有这样才能保证孩子不犯一些低级的、性质恶劣的错误。当然，妈妈对孩子的教导不仅仅是停留在认识错误这个层面上，更多的是让孩子明事理，帮孩子形成正确的人生观、价值观。

妈妈带娃解读

　　不要以为孩子年龄还小，很多事情孩子无法做出正确的判断。其实，对于孩子来讲，他们在进入小学之后，已经具备了一定的判断和分辨能力。作为妈妈要加强对孩子是非观的塑造，让孩子做一个明事理之人，这样做对孩子一生是有益的。换句话说，当孩子分清是非曲直之后，他才有可能成为一个有作为的人。

就事论事，不要过于心软

在教育孩子的时候，妈妈的批评和表扬都是孩子前进的动力，而批评孩子时一定要讲究方法。比如，孩子因为上课时没有认真听讲，老师向家长"告状"，作为妈妈的你会怎样对待这件事情呢？我们经常会听到妈妈这样批评孩子："上课不认真听讲，你想干吗？你这样怎么能学习好？一天到晚就知道玩，好吃好喝的伺候着你，你连学都上不好。"这类妈妈总是肆无忌惮地对孩子一顿批评。虽然孩子的确犯错了，确实应该被批评，但是妈妈要懂得批评孩子的方法和技巧，无论因为什么事情批评孩子，都要做到对事不对人。而另一类妈妈的表现则恰恰相反，她们从来不去批评孩子，即便孩子犯了错，这类妈妈也会因为心软而不去批评孩子。

无论是乱加批评还是心软放纵，都不是正确的教育做法。真正聪明的妈妈能够做到就事论事，她们不会因为孩子做错事情而去批评孩子的为人，更不会因为某件事情牵扯到以往孩子的行为，更不会因为溺爱而不去指出孩子的错误。聪明的妈妈能通过就事论事的方法，指出孩子缺点的同时，又让孩子改正错误。

妈妈带娃实例

张晓华的女儿上四年级，她在班级的学习成绩一直不错，但是这次期中考试却考得不好。张晓华开完家长会回到家之后，直接冲女儿嚷道："你是怎么回事儿？怎么期中考试考得这么差？这段时间肯定没有认真学习！"

"妈妈，是因为……"女儿想要解释，还没等她说出口，张晓华继续责备道："你看看邻居家的小杰，人家每次都考年级第一，同样的岁数，同一所学校，为什么人家的学习成绩这么好，而你最多考个前十名。这次可好直接考了第二十名。人家小杰不光学习成绩好，每天放学回家还要练习一个小时的小提琴，你呢？你的舞蹈学了一年就放弃了，就知道在家看电视。"

"我也不是故意要考成这样的。"女儿有些生气，她这次之所以没考好，其实是因为在考数学的时候肚子疼，发挥失常了。

"我当然知道你不是故意的，但这说明你这段时间根本没有将心思用在学习上，以后放学回家不许再看电视了。你写完作业后再做一套练习题，我不信你下次考试成绩不提高。"张晓华生气地说道。

"那我还有玩的时间吗？你整天都说我不如小杰，那你让小杰当你的孩子好了。"女儿说完哭着回自己的房间了，她把自己关在房间里，一天都没有走出来。

对于张晓华来讲，她生气的原因是女儿考试失利，但她并没有询问女儿为什么没考好，而是直接用攻击性的语言去责备孩子，这样的教育方式自然会让孩子反感。

 妈妈带娃妙招

每个孩子都希望得到妈妈的表扬，他们不希望妈妈责备自己，更不希望妈妈在指责自己的同时表扬其他人。那么，妈妈在教育孩子的过程中，究竟要怎样就事论事地去教导孩子呢？

1.不去拿孩子的缺点与别人的优点进行对比

很多妈妈总是习惯性地拿自己家孩子的缺点与其他孩子的优点作对比，希望用这种方法让孩子感受到压力，从而更加努力地去改正缺点。但是我们不得不说这种方法对孩子来讲是十分不公平的，也是很难得到孩子认可的一种教育方法。

2.不扩大或缩小孩子的缺点和优点

有些妈妈习惯性地会夸大孩子的缺点，还有些妈妈会习惯性地缩小孩子的优点。比如，孩子凉的东西吃多了，出现拉肚子的情况，妈妈可能会指责孩子"贪吃"，甚至会说孩子自律性差、自控能力差。这种放大式的教育方法往往不能得到孩子的认可，甚至会让孩子产生自卑心理。

3.对孩子要"说理"

妈妈在教育孩子的时候一定要注意自己的方法，要知道以"说理"的方式与孩子沟通，孩子会更愿意接受妈妈的教导。有些妈妈明明自己说的没有道理，但是还要孩子听从自己的安排，自然孩子会选择反抗。

妈妈教育孩子是需要讲究方法的，无论哪种方法，都需要孩子能够接受。尤其是在孩子犯错之后，妈妈既要将道理说清楚，又要让孩子意识到自己的问题所在。因此，妈妈需要做的就是就事论事，而不是"就事论人"。

妈妈带娃解读

在现实生活中，妈妈教育孩子本身就是一件需要付出脑力和智慧的事情。既要让孩子愿意听从自己的教导，又要让孩子意识到自身存在的问题，这本身就不是一件容易的事情。妈妈不可过于心软，不舍得去"教育"孩子，或者害怕孩子因为批评而伤心，更不要扩大孩子的缺点，将孩子说得一无是处。可以用就事论事的方法，既不夸大别人的优势，也不贬低自己孩子的优点，只是针对发生的事情进行分析，这样一来孩子便更愿意接受妈妈的教导。

挖掘孩子优点，管教胜于对比

　　我们不可否认每个孩子都不是完美的，每个孩子都会有这样或那样的缺点。对于妈妈来讲，总是希望自己的孩子是完美的，甚至希望孩子是无可挑剔的，于是会放大孩子的缺点，甚至不能容忍孩子的缺点。这个时候妈妈经常做的事情就是拿孩子的缺点，与其他孩子的优点进行对比，她们希望用这种方法来激励孩子，让孩子感受到压力，其实，用这种方式来教育孩子对孩子并没有好处。

　　曾经在某档节目中，有一位小女孩抱怨自己的妈妈总是"嫌弃"自己，她说妈妈喜欢邻居家的孩子要远远超过喜欢自己，原因是妈妈经常会夸赞邻居家的孩子如何如何懂事、如何如何爱学习，从来没有夸赞过她。而这位妈妈却说自己只是希望女儿向邻居家孩子多学习，她其实很爱自己的女儿。

　　在生活中，这种现象并不少见，妈妈总是在抱怨自己的孩子不如别人家的孩子听话、不如别人家孩子学习成绩优异、不如别人家孩子懂礼貌等。似乎自己家的孩子永远比不上别人家的孩子，别人家的孩子总是要比自己的孩子完美。这种对子女的教育方式往往会激发孩子内心的不满，甚至会让孩子觉得妈妈不爱自己。因此，妈妈要看到孩子的不足，但是也不能随意去贬低自己的孩子，更不能用对比的方式来扩大孩子的缺点，让孩子感到自卑。

妈妈带娃实例

小齐的儿子已经上小学了，但是儿子在学校十分调皮，三天两头和同学打架，甚至还将同班的女同学打哭。为此，小齐没少被老师叫到办公室问话。也正因为如此，小齐对儿子的管教更加严格。

这天小齐正在上班，儿子班主任张老师又打来电话，不出所料，儿子在学校又欺负别的同学了。小齐生气地赶到学校，儿子和另外一名同学已经被班主任叫到了办公室。

小齐向老师道歉之后，将儿子领回了家。儿子意识到自己犯错了，到家直接回到了自己的房间。小齐生气地冲儿子嚷道："你能不能让妈妈省点儿心？三天两头地打架，妈妈还怎么工作？你看看小艾，和你同班，我们又是一个小区的，人家小艾不但学习好，而且从来不打架，同样是男孩，你怎么就这么调皮？"

每次儿子犯错，小齐都会夸赞小艾，希望儿子能够向同学小艾学习。

"小艾，小艾，你一天到晚就知道夸小艾，那你怎么不让小艾当你的儿子？"儿子突然生气地嚷道。

"人家小艾学习好、不打架，我也想让你像小艾那样听话。"小齐也生气地说道。

"我就是我，不是小艾，你要是喜欢小艾，你让他当你儿子吧！"儿子嚷道。

第二天，小齐将儿子送到了学校，自己在家收拾孩子的房间，她发现儿子在一张纸上写了几行字：我的妈妈不喜欢我，她好像很爱小艾，我只是想要让她更爱我一些。

小齐意识到自己平时的教育方法可能有些欠妥，从那之后，她再也不在批评儿子的时候夸赞小艾，再也不拿儿子的缺点与其他孩子进行对比了。慢慢地，小齐的儿子也变得听话了，老师也没再喊过小齐去学校。

妈妈带娃妙招

妈妈都希望自己的孩子更懂事、更听话，于是在孩子做出越轨之事后，便会对孩子一通吼骂，甚至会不由自主地拿别人家的"好孩子"与自己家这个"坏孩子"进行对比，希望孩子能够意识到自身的不足。但是这对孩子来讲并不是一件好事，甚至会让孩子觉得妈妈不爱自己。那么，妈妈要如何管教孩子，让孩子既能感受到妈妈的爱，又能意识到自身的不足呢？

1.妈妈要讲"理"

作为妈妈，经常陪伴在孩子身边，自然了解孩子身上有哪些不足。妈妈教导孩子，一定要有合理的理由去说服孩子。比如，看到孩子做事情马虎后，你要给孩子指出孩子在做什么事情的时候马虎，怎么样做事情是马虎的表现，让孩子意识到"马虎"指的是什么。当孩子明白这些问题之后，你再去指出孩子的不足，那么他才不会抵触。

2.妈妈要讲"情"

无论孩子有什么缺点，想必妈妈都是爱自己孩子的。因此，在管教孩子之前，妈妈不妨让孩子感受到你对他的爱，让孩子知道你管教他也是爱他的一种方式。比如，孩子在学校打架了，老师已经批评或惩戒过孩子。这个时候妈妈不妨先关心孩子是否被同学打伤了，然后再跟孩子分析问题，告诉孩子打架不是解决问题的正确方法。

3.让孩子意识到自身缺点不是目的，让孩子改掉缺点才是目的

很多时候妈妈批评孩子也仅仅局限在批评上，根本不去考虑自己批评孩子的目的是什么。因此，妈妈在指出孩子的缺点之后，可以告诉孩子如何去做，能让自己的缺点变成优点。比如，妈妈发现孩子做作业很马虎，经常会出错，妈妈可以要求孩子做完作业之后，自己检查一遍，用这种方法来避免孩子犯错。

妈妈带娃解读

妈妈不要只看到别人家孩子的优点，看不到自己家孩子的优点。妈妈教育孩子本身就是爱孩子的一种表现，我们应该让孩子感受到我们是多么爱他们，而不是拿自己孩子的缺点与其他孩子的优点进行对比，从而伤害了孩子的自尊心、自信心。

只会吼骂孩子，并不是管教

　　曾经有一家儿童心理研究中心对3000余名儿童进行心理状况调查，调查问卷中有一个问题就是"你最怕爸爸妈妈怎么样？"在这3000余名儿童中，大部分孩子的答案都是"最怕爸爸妈妈生气"。

　　可见，妈妈生气的时候，孩子的内心是惧怕的，甚至会非常没有安全感。在一张问卷上，有一个孩子写道："我最害怕妈妈生气吼我。每次妈妈吼我，我的心里直发慌。"对孩子发脾气，孩子感到恐惧后会出现什么情况呢？

　　1.乖乖地听妈妈的指挥，你让他做什么，他才敢做什么。

　　2.被妈妈的怒吼吓到，愣在那里一动不动。

　　3.害怕到大声哭泣，既不做你想让他做的事情，也不做他自己想做的事情。

　　4.学你生气发火的样子，甚至会乱摔东西。

　　不管是以上哪种情况，妈妈对孩子怒吼都会影响到孩子的心理健康。毕竟孩子的内心是敏感的，他们在面对妈妈发火时，恐慌的心情已经无法让他们思考妈妈冲自己发火的理由是什么了。因此，即便孩子犯错了，妈妈也要尽量避免大声骂孩子，而是应该选择正确的方法来让孩子接受自己的教导。

妈妈带娃实例

赵婷婷平时的工作很忙，每天回家还要辅导儿子学习，她的儿子也比较调皮，在学校学习成绩一直不好。因此，辅导孩子学习成为赵婷婷最烦心的事情。

这天，赵婷婷下班回家后看到儿子没有写作业，而是在看电视，这让赵婷婷很生气，于是她开始怒吼："赶快去写作业！不然我就把电视砸了！看你以后怎么看电视！"

儿子很害怕，赶快溜进自己的房间，赵婷婷跟着进了儿子的房间。儿子刚开始写作业，赵婷婷发现昨天刚给儿子买的新书包已经被弄得很脏了，她便忍不住又开始冲儿子大吼："我真不明白你每天到学校是去学习，还是去瞎玩！你看你的书包，昨天才买的，今天就这么脏了！"

儿子原本打算写作业，赵婷婷一顿吼骂之后，他也没心情写作业了，自己坐在书桌前开始发呆。看到儿子发呆的样子，赵婷婷更是生气，嚷道："写作业啊！发什么呆！都几点了还不写作业，难怪你学习成绩不好！"

赵婷婷几乎每天都会因为学习吼骂孩子。这天家长会之后，老师将赵婷婷单独留下来，对她说道："您儿子上课时总是无缘无故地走神、发呆，后来我问他在想什么，他说在想放学之后，怎么做能让妈妈不生气、不发火。"

听了老师的话，赵婷婷很内疚。于是，她回到家后主动向儿子承认错误，并向儿子保证，以后尽量不冲他大声吼骂。过了一段时间，赵婷婷发现儿子学习的主动性提高了。

妈妈带娃妙招

每个妈妈都希望自己的孩子能够听话、懂事，于是很多妈妈都不允许自己的孩子犯错，在孩子犯错之后，妈妈冲孩子怒吼成了常态。妈妈频繁地吼骂孩子，容易给孩子带来哪些危害呢？

1.孩子做事情没有主见

妈妈经常吼骂孩子，会让孩子觉得自己做什么事情都不对，很容易产生自卑心理。他们甚至会觉得自己不够好，因为害怕犯错而不敢主动去做事情，他们担心做任何事情都会被妈妈责备。久而久之，孩子做事情之前会询问妈妈，也会遵照妈妈的意思去做，这样一来孩子就会失去主观能动性。

2.导致孩子情绪抑郁

不要认为孩子还小，不会抑郁。如果孩子经常被妈妈吼骂，他们便会经常怀疑自己，觉得自己是失败者，甚至还会认为妈妈不爱自己。久而久之，孩子会对周围的事情失去兴趣，对外界事物产生抵触情绪，不愿意与他人进行交流。

3.孩子的脾气会变得暴躁

都说父母是孩子的第一任老师，如果妈妈经常冲孩子大喊大叫，那么就等于给孩子树立了一个不好的榜样，这也会对孩子的言行举止造成一定的影响，孩子也可能会用大吼大叫的方式来对待身边的人。慢慢地，孩子就变得十分易怒，这对孩子进入社会，进行人际交往是十分不利的。

4.孩子的性格会变得内向孤僻

和成年人相比，孩子的内心是敏感和脆弱的，如果孩子经常受到父母的责骂，逐渐地他们就会变得没有安全感，甚至会觉得自己做的每一件事情都是错误的，这样的孩子往往不合群，不懂得如何与别人相处。

既然对孩子大吼大叫有如此多的坏处，作为妈妈就要找到科学的教育方法，学会与孩子"和平共处"，理性地对待孩子的缺点，帮助孩子化缺点为优点。

妈妈带娃解读

"怒吼式"妈妈在生活中并不少见，她们在孩子面前，从来不会顾及孩子的感受，也不会考虑孩子的心理。在当今社会，我们不得不承认，有很多妈妈根本没有意识到自己是孩子产生心理问题的根源所在。妈妈要尽量避免对孩子进行吼骂，用更为科学的方式来教育孩子，最终让孩子意识到自己的缺点所在的同时，还能感受到妈妈的爱。

批评，越精准越有效

批评孩子还需要讲究方法吗？可能很多妈妈都会感到纳闷。在妈妈看来，批评孩子是在所难免的事情，只要是孩子犯错了就应该受到批评，这套理论似乎很正确，也很少有妈妈会认为批评是一门学问。鉴于孩子的心智还不太成熟，所以在批评孩子的时候，妈妈还是需要讲究一定的方式方法的。

在生活中，我们经常会听到妈妈这样批评孩子："你每天就知道玩，就知道看电视，你什么时候能学点好的？""你每天把衣服弄得那么脏，真不知道你天天在学校都干什么！"类似这些批评和指责看似很平常，孩子也经常听到，但是这样的批评究竟对孩子认识错误或者改正错误有什么帮助呢？

不可否认，孩子做错事情需要家长的批评指正，可是父母在批评孩子的时候一定要准确地直指事情的根源，而不是泛泛地对孩子进行批评。

妈妈要学会正面管教孩子，而想要正面管教孩子，就要明白批评孩子绝对不是教育孩子的目的，而是教育孩子的一种手段。通过这种手段，让孩子看到自身的缺点和不足，这才是批评孩子的目的所在。"我的妈妈总是批评我，说我做事情不认真，但是我不明白，怎么做才算是认真。"一名小学生委屈地说道。

的确，在生活中，妈妈善于用宽泛的词语来囊括孩子的所有缺点，站在大人的角度去思考孩子的认知。其实，只有精确、具体地指出孩子的错处或缺点，这样的批评才更有效。

妈妈带娃实例

女儿："妈妈，我想买一个新玩具。"

A妈妈："你怎么就知道买玩具？上周刚给你买了乐高，这周又要买玩具，你就知道玩！什么时候学习能这么用心就好了。"

女儿："我想买一双新轮滑鞋，去年买的小了，穿不下了。"

A妈妈："还买轮滑鞋，去年买的那双也没见你穿几次，你就是三分钟热度，学什么都是三天打鱼两天晒网。"

女儿："妈妈，我想买一个新玩具。"

B妈妈："想买什么玩具？"

女儿："想要买一双新的轮滑鞋，去年那双小了。"

B妈妈："你是长个子了，脚也长大了，去年的那双鞋的确不能穿了。可是，我记得上周给你买乐高的时候，你答应了妈妈，未来一个月不买其他玩具了。"

女儿："是的，但是我想要轮滑鞋。"

B妈妈："我知道，可是去年买的那双，你只穿了三四次，后来就不玩了。既然你没能坚持下来，可能你不太喜欢这项运动，所以我觉得没必要再买了。

再说你已经答应我，一个月内不买玩具，即便是给你买轮滑鞋，那也是下个月的事情。"

女儿："那好吧，我下个月再买。"

对比A妈妈与B妈妈的做法，不难看出，B妈妈对女儿的批评是比较具体的，她并没有因为女儿要求买玩具而指责孩子"不好好学习"。

妈妈带娃妙招

妈妈因为某件事情批评孩子的时候，一定要抓住错误的根源，告知孩子具体错在哪里了，而不是扩大孩子的错误，或者是将指责扩大到其他方面。那么，妈妈究竟该如何正确地批评孩子呢？

1.不轻易给孩子贴标签

妈妈批评孩子时，不要因为一件事情联想到其他事情，更不要对孩子的品质做负面的批评和指责。负面的标签给孩子的心理暗示会产生负面的影响，甚至让孩子认为自己天生就是坏孩子。这样孩子会认为自己的缺点是改不掉的，久而久之，孩子也就不愿意去改正自己的缺点了。

2.不翻旧账

妈妈要就眼前事说眼前事，不要因为孩子当下犯的错误提起孩子之前做的事情，然后再对以前做错的事情进行批评。这样做容易让孩子反感，甚至会让孩子从心里拒绝接受你的批评。

3.不放大错误

很多妈妈习惯将孩子的错误放大，认为只有这样才能让孩子意识到错误的严重性，孩子才能避免犯同类错误。比如，孩子一次没有完成作业，千万不要批评孩子"从来都不好好学习"。放大孩子的错误会让孩子感到失望，甚至会让孩子觉得自己已经"无药可救"。这样一来，孩子自然会丧失信心，不想去改正自己的错误。

对于孩子的错误，很多妈妈会过分担心，她们害怕孩子今后会频繁地犯同类错误。其实，对于孩子来讲，犯错并不可怕，可怕的是妈妈批评时对自己的品格进行"攻击"，从而导致他们破罐子破摔，这也就是为什么要求妈妈精准具体地批评孩子的原因。

妈妈带娃解读

妈妈批评孩子是在所难免的，在批评孩子的过程中，妈妈一定要注意，千万不要过分夸大孩子犯错的后果。具体的、精确的批评能让孩子认识到问题所在，并愿意主动改正错误。让孩子记住犯错后的感受，在以后的生活中，孩子也会尽量避免犯类似的错误。

第十章

情绪管理，妈妈要做孩子的好榜样

　　情绪管理并不只针对家长，对于孩子来讲，也需要学会管理自己的情绪，而要想孩子做到控制情绪、管理情绪，首先需要妈妈给孩子做好情绪管理的榜样。在生活中，孩子就是大人的"一面镜子"，妈妈做什么，孩子会进行模仿。因此，妈妈需要先学会控制自己的情绪、管理自己的情绪，这样孩子也会效仿妈妈的做法，学会合理地发泄情绪和处理不良情绪。

挖掘孩子的情绪"输出"根源所在

孩子的情绪出现过激的情况，其原因往往不是我们表面所看到的那样。当孩子表现出脾气急躁、心情不好的时候，妈妈可能认为是孩子太调皮，或者"不听话"，马上就会好了。其实，对于孩子来讲，他们是希望通过外显的脾气来达到自己的目的。

生活中，有些妈妈总是抱怨孩子会无缘无故地发脾气，但是从来不去思考为什么孩子会发脾气，也不去分析孩子情绪变化的原因。对于孩子来讲，情绪变化是十分正常的事情，但这并不意味着孩子的情绪不应该被重视。妈妈不要认为孩子年纪小，情绪不稳定是在所难免的，其实对于孩子来讲，他们的每一次情绪变化或波动都受到外界的影响。妈妈要善于挖掘孩子情绪变化的原因，从根源上帮助孩子排解暴躁、愤怒、不安等负面情绪。

妈妈应该是世界上最了解孩子的人，在与孩子沟通的过程中，妈妈可以通过挖掘孩子心理变化来了解孩子的思想。在这个过程中，妈妈既可以达到了解孩子的目的，还能达到让孩子了解自己的目的。因此，作为妈妈应该主动去挖掘孩子的情绪变化根源，帮助孩子摆脱不良情绪的影响。

妈妈带娃实例

张兮兮的女儿放学回来后，直接将自己关在了房间里，女儿是一个内心比较敏感的孩子，张兮兮看出女儿不开心了，但是却不知道女儿为什么会不开心。

张兮兮没有急于去催促孩子写作业，而是先给女儿做了她最爱喝的珍珠奶茶。她将奶茶端给女儿时，发现女儿的情绪依旧很低落。

"妈妈发现今天你不开心，能告诉妈妈为什么不开心吗？"张兮兮问道。

"没什么，就是心情不好。"女儿回答道。

"那你先喝点儿奶茶，这是妈妈刚做的，很好喝。"张兮兮说道。

张兮兮看着女儿喝完了奶茶，发现女儿的书本被撕坏了，问道："书怎么坏了，这本书可是新书啊？"

"是我们班的李宁给我撕坏的，所以我今天很生气。"女儿生气地说道。

"他为什么撕坏你的书皮？是不是不小心的？"张兮兮继续询问。

"不是，他说我长得胖，我不高兴，便取笑他个子矮，他很生气，就把我的书皮撕坏了。"女儿说道。

张兮兮意识到这并不是一件小事，便对女儿说道："他取笑你胖是他的不对，但是你也不应该取笑他个子矮。"张兮兮继续说道，"这次我们不和他计较了，毕竟你也取笑他了。"

"妈妈，我不开心，因为我的确胖。"女儿沮丧地说道。

"对于这个问题，妈妈也会认真思考，接下来妈妈会给你制订一个营养减重

计划，既能保证你每日的营养，又能让你变瘦。你看怎么样？”张兮兮说道。

听了张兮兮的话，女儿的脸上才露出了笑容。张兮兮接着说："女儿，我觉得明天你应该给李宁道歉，并且要求他以后不要再取笑你了。"

女儿说道："我知道不应该取笑他，我会道歉的。"

对于张兮兮来讲，她看到女儿不开心之后，并没有置之不理，而是通过与女儿积极地沟通，去了解原因，找到女儿不开心的根源，再从根源找到解决问题的方法，从而帮助孩子摆脱不良情绪。

妈妈带娃妙招

在现实生活中，妈妈可能会发现孩子一会儿开心，一会儿发脾气，对于孩子情绪的变化，妈妈究竟该如何去做呢？

1.先观察孩子的情绪表现

每个孩子的情绪变化都会有外在的表现，比如，有的孩子在玩耍的时候很开心，但是一让他写作业，立刻变得不开心，表现为垂头丧气或者唉声叹气。通过观察孩子的情绪变化或行为变化，能让妈妈明白孩子的喜好。

2.分析孩子情绪变化的原因

寻找孩子情绪变化原因之前，应该先结合孩子前前后后的活动和行为进行分析，只有这样妈妈才能够尽快了解孩子为什么开心、为什么伤心。

3.挖掘孩子内心的真实世界

对待每一件事情，孩子都会有不一样的情绪表现。妈妈要多关心孩子，因为在关心孩子情绪变化的过程中，你才能更加了解孩子。当然，并不是每一次情绪变化，孩子都希望妈妈去了解的。

对于孩子来讲，他们希望得到来自妈妈的爱和关心，尤其是在自己情绪低落的时候，他们更渴望能够得到妈妈的理解。作为妈妈不仅要关心孩子的衣食住行，更重要的是关心孩子的内心变化，了解孩子的性格特点。当孩子出现不良情绪后，妈妈要试着去挖掘孩子产生负面情绪的原因，然后从根源上帮孩子化解负面情绪，从而帮助孩子建立起良好的性格，同时拉近亲子间的距离。

妈妈带娃解读

正所谓"知己知彼百战百胜"，只有了解孩子为什么会产生负面情绪，妈妈才能帮孩子获得正能量。孩子在成长的过程中，情绪的变化是无常的，如果妈妈不善于分析孩子为什么伤心、为什么生气、为什么沮丧，那么自然也就无法走进孩子的内心，更不能及时帮助孩子化解负面情绪产生的影响。

教孩子正确处理喜怒哀乐

走在大街上，我们经常会看到一些孩子因为爸爸妈妈不给自己买玩具而生气，表现出来的状态则是满地打滚儿、哭闹不止。与此相反的是，如果爸爸妈妈满足了孩子的无理要求，孩子得到了自己想要的玩具，孩子便会开心地乱蹦乱跳、大声喊叫。当然，这只是生活中孩子喜怒情绪变化的一个缩影。

孩子对待自己情感的表达是直接的，他们的开心和生气都会直接表露出来，不会像某些成年人那样，将真实的情绪藏在心里深处，这也正是孩子的纯真之处。因此，我们经常会说孩子"喜怒无常"。

从孩子本身来讲，他们受到年龄的影响，有时喜怒的情绪变化无法正确地进行表达，也不懂得控制自己的情绪。这就需要妈妈在日常教育孩子时，帮助孩子学会正确表达自己的情绪和感受。

当一个孩子学会了控制情绪后，他便不再肆无忌惮地哭闹和谩骂，更不会得意忘形。因此，聪明的妈妈善于教会孩子如何表达自己的愤怒和喜悦，而不是单纯地去指责孩子"不该哭闹""不要得意忘形"。当然，还有一种错误的想法，即有些妈妈认为孩子年龄还小，他们不懂得如何处理自己的情绪，所以没有必要去学习如何管控自己的情绪。其实，孩子进入小学阶段之后，就有必要正视自己的情绪表达了，否则会影响到孩子的社交情况。

妈妈带娃实例

周末，邻居家传来了一阵摔东西的声音，因为我和邻居的关系还算不错，所以打算去看看究竟发生了什么事情。

邻居家有一个10岁大的男孩，男孩的学习成绩一直不好，他的妈妈经常吼骂他，目的是希望他的学习成绩能够进步。

原来小男孩将茶几上的所有玩具都摔到地上了。我好奇地问他的妈妈，为什么孩子会发这么大的脾气？

"他玩拼图，眼看快要拼完了，但是发现里面少了一块，这就导致他整个拼图无法完成。"他的妈妈说道。

"这很简单，找一找缺少的那块拼图不就可以了。"我很惊讶地说道。

"我看他在找拼图，又看了看时间，已经到写作业的时间了，我就催促他去写作业。"男孩妈妈继续说道，"就因为这个，他生气了，将所有的拼图扔到了地上，还把桌子上的变形金刚等玩具一并摔到了地上。"

我感到很惊讶，一个10岁的孩子为何发如此大的脾气？即便生气，为何会摔东西？究其原因，我想到男孩的妈妈经常一生气就摔东西，手里拿着什么就摔什么，男孩看得多了，便学会了。

我对男孩的妈妈说："其实，孩子生气是在所难免的，不过摔东西可不是一

个好习惯。"

"你说得对，但是我们也不知道他怎么会一生气就摔东西。"男孩妈妈说道。

"很多时候孩子的行为是模仿大人的。"我说道。

"那我明白了，平时我一生气就会摔东西，所以孩子也学会了。"邻居自责地说道。

不得不说，这个男孩根本不懂得如何正确地去处理自己的情绪，更不懂得如何正确表达自己的愤怒，他只能按照妈妈的"示范"，学着发泄自己的情绪。

妈妈带娃妙招

孩子的情绪变化关乎孩子的性格形成，因此，妈妈应该教会孩子如何表达自己内心的不满或喜悦之情。对于孩子来讲，他们不会控制自己的情绪，更不知道自己的所作所为有何不妥，这个时候就需要妈妈去引导孩子用正确的方式来处理自己的喜怒哀乐了。

1.妈妈是孩子学习的榜样

妈妈要教会孩子处理情感，自然妈妈也要掌握处理喜怒哀乐的正确方法。如果连妈妈都不会正确地处理自己的情感，又怎么能教会孩子呢。因此，妈妈在愤怒的时候，保持理智和冷静是第一步，而在喜悦的时候，做到喜不忘形则是关键。

2.教会孩子三思而后行

所谓三思而后行，即在孩子因为生气想要发脾气的时候，让孩子先学着控制自己的情绪，然后再选择用怎样的方式来发泄情绪。"三思"的过程其实就是让孩子思考事情的经过，通过思考的过程来达到平复心情的目的。

3.教会孩子通过转移注意力的方法来平复自己的心情

当孩子陷入愤怒的情绪中时，妈妈可以让孩子做一些其他的事情。比如，让孩子看一会儿漫画、听一会儿歌曲等，通过这些方式让孩子脱离愤怒的情绪，这样能够起到很好的平复心情的作用。

在现实生活中，妈妈希望自己的孩子做到行为"有度"，而对于孩子来讲，只有学会了控制自己的情绪，才可能让自己的行为有度、有分寸。

妈妈带娃解读

或许妈妈会认为孩子在喜悦的时候，能够尽情地欢呼和蹦跳没什么不好，但是在很多时候，喜悦也是需要控制在"度"里的，尤其是在一些公众场合。如果孩子不懂得控制自己的喜悦之情，可能会影响到其他人的情绪。同样，愤怒更是需要得到控制的，否则孩子会做出一些让人意想不到或伤害自己的行为。

给孩子足够安全感是关键

在生活中，我们总是会看到孩子悲伤和恐惧的场景，尤其是当孩子被妈妈批评、训斥后，孩子经常会因为难过而痛哭。很多妈妈认为孩子是在故意哭泣，甚至是为了获得妈妈的原谅而哭泣。然而，真相是孩子其实是伤心的，甚至是不知所措的。

妈妈要清楚在什么情况下孩子是悲伤的，在什么情况下孩子又是恐惧的。那么，孩子为什么会陷入悲伤、恐惧中呢？其实原因有很多，比如，当孩子缺少安全感的时候，孩子会感到恐惧。不仅如此，当孩子感觉到无助时，他们也会觉得恐惧。因此，妈妈要让孩子从悲伤、恐惧的情绪中摆脱出来，最直接有效的做法就是给予孩子足够的安全感。

那么，什么是安全感呢？所谓安全感就是人在社会中有稳定的、不害怕的感觉，这是来自于一方的表现所带给另一方的感受。对于孩子来讲，就是妈妈所带给孩子的，这种感受可以让孩子感到放心，内心有所依靠。孩子所获得的安全感多半是妈妈的言谈举止所能赋予孩子的。

妈妈带娃实例

张雨有一个9岁的女儿，女儿的学习成绩很棒，只是性格胆小自卑。有一次老师让她上台演讲，她却不敢。老师将张雨叫到学校，聊一下孩子的情况。

张雨回到家，生气地冲女儿吼道："你怎么胆子这么小？老师让你上台演讲，你可好，连台都不敢上。"

"妈妈，我害怕去台上。"女儿委屈地说道。

"上台有什么害怕的？下面都是你认识的同学和老师，为什么别的同学不害怕，只有你害怕呢？"张雨更生气了。

听了妈妈的责备，女儿觉得更委屈了，于是哭了起来。张雨看到女儿哭了，声音变得更大："哭、哭，一天到晚你就知道哭！我最讨厌的就是你哭了，一听到你哭，我真想把你扔出去！"

听了妈妈的话，女儿哭得更厉害了，而张雨也气得要崩溃了。

在生活中，类似张雨这样的妈妈并不少见，当孩子出现问题之后，妈妈想到的不是如何帮助孩子解决问题，而是指责孩子，甚至"恐吓"孩子，这样做的最终结果就是让孩子变得更加胆小自卑。

妈妈带娃妙招

在孩子产生悲伤或恐惧心理时，作为妈妈应该想尽办法给予孩子更多的安全感。只有让孩子感受到了安全感，他们才能从悲伤或恐惧中摆脱出来。那么，妈妈该如何给孩子带来安全感呢？

243

1.给予孩子长时间、高质量的陪伴

陪伴孩子的好处有很多，陪伴对孩子的成长来说十分关键。在现实生活中，孩子最希望得到妈妈的陪伴，因此，在孩子表现出悲伤和恐惧的时候，妈妈最应该做的事情就是陪伴在孩子的身边，让孩子感受到来自妈妈的爱。当孩子感受到妈妈在自己身边的时候，他们的内心自然会少一些悲伤和恐惧，多一些安全感。

2.不批评、责备、惩罚孩子

无论孩子是因为犯错而产生的恐惧心理，还是因为做错事而变得悲伤，这个时候作为妈妈最应该做的是想尽办法先让孩子保持冷静，只有在理智和冷静的状态下，孩子才能更愿意去接受妈妈的建议，甚至是批评。让孩子从悲伤或恐惧中摆脱出来的方法有很多，比如，转移孩子的注意力，表扬孩子、鼓励孩子等。

3.不威胁孩子

妈妈在生气的时候，最容易说出一些威胁性的话语，比如，"你再不听话，我就不要你了""你再犯这样的错误，我就不喜欢你了"等。当妈妈说出这些带有威胁性的话语时，孩子的内心是十分恐惧的，这对孩子获取安全感是有害无利的。

当孩子陷入悲伤的情绪，或者是孩子陷入恐惧的情绪中时，这个时候妈妈要做的事情就是想办法让孩子的情绪恢复正常。经研究发现，一个缺乏安全感的孩子往往表现出自卑、多疑的性格，而一个安全感十足的孩子，即便身陷困境，他也能保持乐观的心态。

妈妈带娃解读

聪明的妈妈不会轻易指责孩子，或者是威胁孩子，她会给孩子足够的安全感，让孩子感受到妈妈的爱。这样一来，无论孩子遇到了怎样的打击，他都会学着妈妈的样子，及时从悲伤和恐惧中"钻"出来。因此，妈妈要高质量地陪伴孩子，尤其是在孩子伤心难过或者是恐惧的时候，尽量陪伴在孩子的身边，让孩子感受到来自妈妈的支持和温暖。

锻炼孩子"读取"情绪的能力

在现实生活中，我们大人懂得察言观色，避免自己所说所做影响到其他人的心情。对于孩子来讲，他们也需要学会"读出"别人的情绪。

很多妈妈会认为，孩子年龄还小，没有必要见"脸色"行事，是这样的，对于孩子来讲，他们不需要看大人脸色做事情，但是一定要能够读懂成人情绪变化的信号。比如，当妈妈心情不好时会有怎样的表现，妈妈开心时，又是怎样的表情。如果孩子学会了体恤别人的感受，那么，在妈妈心情低落时，孩子就会主动地去关心妈妈；当妈妈伤心难过时，孩子也会去安慰妈妈。

让孩子学会读懂别人的情绪，有助于提高孩子的情商，聪明的人都懂得去体察别人的心思。比如，孩子发现妈妈生气的时候，肯定会为了不让妈妈更生气，而选择老老实实写作业。

妈妈带娃实例

王丽雅工作了一天，感觉很累，回到家中，她无精打采地躺在沙发上。她的女儿已经10岁了，看到妈妈躺在沙发上，先是给王丽雅倒了一杯水，王丽雅喝过水之后，女儿说道："妈妈，您累了吧？"

王丽雅点点头，紧接着女儿开始给王丽雅捏腿，她说："妈妈，今天的作业我已经写完了，您放心，我自己已经检查过一遍了。"

听了女儿的话，王丽雅的心情瞬间好了起来。

不得不说，王丽雅的女儿很了解自己的妈妈，她看到妈妈躺在沙发上，便知道妈妈累了。不仅如此，她知道妈妈会担心自己的学习，为了减少妈妈的担忧，她主动完成作业，并告诉妈妈自己已经高质量地完成作业了。可见，王丽雅的女儿很善于体察他人的心情。

与王丽雅的女儿不同的是邻居小周的女儿，她的女儿已经11岁了。当小周下班回家后，拖着疲倦的身体躺在沙发上时，女儿不但不去关心妈妈，还会不停地催促小周赶快去做饭。小周生气地对女儿说："妈妈很累了，难道你看不出来吗？"面对妈妈的愤怒，女儿还会哭闹着说道："你累怎么了！我饿了，你怎么还不去给我做饭！"

每当遇到这样的情况，小周都想冲女儿发火。可见，小周的女儿不懂得观察大人的情绪，更不懂得体谅妈妈的艰辛。

妈妈带娃妙招

很多妈妈会问，为什么要让孩子学会观察他人的表情？其实对于孩子来讲，体察他人的情绪能够锻炼孩子的情商。那么，如何锻炼孩子，让孩子学会"读

懂"妈妈的心情呢?

1.鼓励孩子多观察

在生活中,孩子难免会遇到一些不知所措的情况,此时妈妈不妨鼓励孩子,让孩子多去观察。比如,孩子和好朋友一起玩耍的时候,突然发现好朋友拿着玩具回家了,第二天好朋友没有搭理孩子,孩子觉得莫名其妙,不清楚为什么好朋友不理自己了。这个时候,妈妈可以鼓励孩子去回想一下昨天发生的事情,可能好朋友是因为没有玩到新玩具而生气,也可能是孩子说的某句话惹得好朋友不开心了。通过妈妈的鼓励,孩子肯定会找到答案,从而让孩子发现好朋友生气的真相,解决与朋友之间的矛盾。

2.建立"读取"情绪的意识

在日常生活中,要在孩子大脑中建立"察言观色"的意识。比如,让孩子观察他人出现怎样的表情是生气了,出现怎样的表情是悲伤的,什么样的动作意味着生气,什么样的动作又表明是喜悦的。建立"读取"他人情绪的意识,是孩子了解他人情绪变化的第一步。

3.读取情绪只是过程,目的是让孩子"见机行事"

孩子了解妈妈的情绪变化之后,需要让孩子明白,看到妈妈什么样的表情时,才可以做某些事情,当妈妈表现出哪些表情后,有些事情就不能做了。其实,孩子"读懂"情绪是一个学习的过程,而目的是让孩子做到"见机行事"。

妈妈带娃解读

> 妈妈教孩子学会"读取"情绪,主要是为了让孩子建立一种"见机行事"的意识,这才是关键。聪明的孩子善于去观察他人的情绪变化,因为这样做能够让他们获得更多的信息,从而明白什么事情该做,什么事情不该做;什么事情能做,什么事情不能做。

任性的"无名火"，妈妈无须迁就

很多妈妈抱怨自己的孩子任性，不管什么原因导致的，归根到底我们都要明白一件事情，当孩子无缘无故地发脾气、耍性子时，妈妈不要过分迁就孩子，必须要纠正孩子的这种坏习惯。

即便孩子的这种习惯是不好的，作为妈妈也应该分析孩子究竟为什么会无缘无故地发脾气。在生活中，孩子发脾气的原因有很多，不管是孩子因为没有买新玩具而发脾气，还是没有吃到想吃的饭菜而发脾气，作为妈妈都应该先分析原因，才能找到应对之策。

妈妈带娃实例

王喜喜的女儿是由老人带大的，老人比较溺爱孩子，随着女儿的长大，王喜喜发现女儿动不动就发脾气，这让她感到很无奈。

这天女儿放学回家，王喜喜喊了一句："宝贝儿，吃饭了。"

女儿便莫名其妙地发起脾气，摔门进了自己的房间。王喜喜发现女儿生气了，便走进房间，问她为什么生气，女儿哭了起来，也不说话。

看到女儿哭了，王喜喜没有像往日那样想尽办法哄她开心，她只是坐在床上看着女儿。

女儿发现妈妈并没有像以前那样哄自己开心，哭了五分钟后，便对王喜喜说道："妈妈，我今天在学校吃的就是番茄炒鸡蛋，你晚上做的还是番茄炒鸡蛋，我不想吃这道菜了。"

王喜喜并不知道中午女儿吃了什么，她对女儿说道："你是因为这件事情生气的吗？"

女儿点点头，王喜喜继续说道："妈妈不知道你中午吃了什么，所以妈妈晚上做了番茄炒鸡蛋。如果下次你中午吃了番茄炒鸡蛋，你可以直接对妈妈说，而不是乱发脾气。不然妈妈都不知道你因为什么而生气，问题永远得不到解决。好不好？"

女儿听了之后，对妈妈说道："妈妈，以后我不乱发脾气了，但是今天晚上我可以不吃番茄炒鸡蛋吗？"

王喜喜说道："你可以吃其他的菜，今天妈妈还做了你爱吃的豆角炒肉呢。"

听了王喜喜的话，女儿很开心地去吃饭了。

妈妈带娃妙招

对于孩子来讲，很多时候发脾气是不由自主的，但是有些时候发脾气是故意而为之的，面对孩子的任性，妈妈可以这样做：

1.不能无休止地迁就孩子

当孩子任性的时候，证明他的行为本身是错误的，这个时候妈妈不要为了博得孩子的开心而迁就孩子、答应孩子的要求，或者是任由孩子为所欲为。此时，妈妈要坚持原则，即便孩子哭闹，也不能做有损原则的事情。

2.不能纵容孩子任性

在孩子任性的时候，妈妈要教孩子学会控制自己的情绪，而不是任意发脾气，不是做任何事情都要以孩子的快乐为目的的。当孩子乱发脾气的时候千万不要纵容孩子，否则孩子会因为妈妈的纵容变得更加肆无忌惮。

3.妈妈要保持理智

很多时候，当孩子乱发脾气时，妈妈会十分生气，甚至会因为孩子发脾气而对孩子大呼小叫。其实在孩子乱发脾气的时候，妈妈更需要保持冷静，既不要急于指责孩子，也不要急于去哄孩子开心。妈妈可以冷静地看着孩子发脾气，等孩子发泄完情绪之后，再对孩子进行教育。

4.指出孩子的性格缺点

孩子任性的时候，可能听不进去妈妈讲的话，而这个时候妈妈要做的就是等到孩子心情平静后，再直接告诉孩子任性发脾气是不对的，让孩子意识到乱发脾气是一件错误的事情。与此同时，还要告诉孩子如何正确地去抒发自己的情绪，比如，可以和别人聊天，或者做自己喜欢的事情。对于孩子来讲他们需要妈妈及时的指正，因为他们可能意识不到自己乱发脾气是一件错误的事情。

在生活中，孩子无缘无故地发脾气并不是一件好事，妈妈无须为了让孩子开心而迁就孩子，更不要因为孩子发脾气哭闹而放弃原则。否则，事情会进入一个恶性循环，到时候就很难解决了。

妈妈带娃解读

　　在很多妈妈看来，孩子任性是再平常不过的事情了，于是，很多妈妈也就不将孩子任性当作是什么重要的教育问题，甚至会将孩子的任性归结为常态化的表现。正是因为有了这种思想，很多妈妈就会没有原则地迁就孩子的任性，迁就孩子的"无理取闹"。然而，不及时纠正孩子性格上的缺陷，最终会害了孩子的一生的。我们爱孩子，但绝不能害孩子。

后 记

所谓好妈妈，绝不是事无巨细安排好孩子的一切，不给孩子独立成长的机会，更不是孩子有丝毫"风吹草动"就忧心忡忡、心慌意乱，而是要传递给孩子快乐的心境，让他体会到成长带来的幸福感，感受到母爱睿智、坚强的一面。

妈妈爱子会为之"计深远"，不仅要包容孩子有意、无意的过失，更要从长远考虑，让孩子懂得遵守原则和规矩的重要性。作为一位母亲，我们要从容、温柔地爱孩子，但一定不能溺爱娇惯孩子，这样才能让孩子拥有自己独立精彩的人生。

这本书希望每一位母亲都能不娇不惯、从容养育孩子。好妈妈要给孩子慢慢长大的机会，给孩子体验生活中酸甜苦涩的勇气与能量，而不是因为担心孩子犯错，剥夺孩子成长的机会，更不是害怕孩子吃苦，打磨掉孩子独立做事的勇气。

俗话说"静待花开"，妈妈也要给孩子慢慢长大的时间，对于孩子在成长过

程中犯的错、遇到的挫折，无需过于心急，更无需过分担忧。同样，孩子是家庭中普通的一员，妈妈不应该给予他"特权"，否则孩子会自认为是家庭的中心，是家庭的"小太阳"，这只会让孩子养成骄纵的性格，对他们的成长来说毫无益处。

爱孩子是母亲的天性，但一定要把握好度，控制好自己的保护欲望，培养孩子独立、自信的性格。与此同时，妈妈要制定并坚持原则，教会孩子用积极的态度面对挫折与困难，培养孩子的家庭责任感和社会责任感，这才是母爱的正确打开方式。

胡适在给儿子的信中，这样写道："你是独立的个体，是与我不同的灵魂；你并不因我而来，你是因对生命的渴望而来。你是自由的，我是爱你的；但我绝不会'以爱之名'，去掌控你的人生。"胡适的话，正是我们这本书想要对所有母亲讲述的教育内涵——"妈妈可以足够爱你，但我不会娇惯你；妈妈可以教导你，但我不会掌控你；妈妈可以担忧你，但我不会替代你。"